요즘은
교회가
유행이라지

못난 아들

하나님 앞에 바로 서는 목회자되기를

평생 눈물로 기도하시는 어머니,

주님 주시는 소망과 위로에

아픈 가슴 견디어 가시는 장모님,

나의 두 어머니께 이 책을 드립니다.

시골 교회 목회자의 유쾌한 목회 이야기

요즘은 교회가 유행이라지

김상혁 지음

올리브북스
Olive Books

　　김상혁 목사와의 첫 만남은 신학교 3학년 때였다. 학보사 편집장
을 맡고 있던 나는 '믿을 만한' 후배를 찾고 있었다. 친한 동기의 강
력한 추천으로 그를 만났다. 솔직히 그는 첫 대면부터 '믿을 만한'
구석을 보여 주지는 못했다. 하지만 그와의 만남이 거듭될수록 그의
진실한 면을 발견할 수 있었고, 그에 대한 믿음도 하루가 다르게 두
터워졌다. 내가 기억하는 신학생 시절의 김상혁 목사는 무척 의협심
이 강하고 매사에 열심이며 선후배 관계가 분명한 그런 이였다. 그
리고 이 같은 기억은 그를 만난 지 오래되었지만 지금도 고쳐야 할
이유를 찾지 못했다.

　　그는 책을 구상하면서, 목회의 첫발을 내딛던 순간부터 지금까지
목회 현장에서 겪은 일들을 가볍게 쓰겠다고 했다. 나도 가볍게 그
의 구상을 격려해 주었다. 격려 덕분인지 나에게도 무거운 짐이 떨

어졌다. 추천의 글을 써달란다. 나 정도가 써야 할 글이 아니라며 완곡하게 사양했지만 그는 막무가내였다.

수십 년 넘게 기자 생활을 한 덕택에 글 쓰는 일이라면 어느 정도 자신이 있지만 책에 대한 소개나 평가는 늘 꺼린다. 이러한 글은 그 책을 다 읽어야 하기 때문이다.

김상혁 목사는 끝내 원고 뭉치를 내게 던져주었다. 바쁜 일정을 핑계로 며칠을 미룬 끝에 하는 수 없이 글을 읽었다. 그런데 그의 글은 내 예상과 기대를 완전히 뛰어넘는 '걸작'이었다.

설교할 때마다 나는 교인들에게 "성경의 언어는 단순하게 읽어서는 의미가 없다. 성경 속의 고백을 나의 고백으로 받아들여 읽어야 한다"고 강조해 왔다.

김상혁 목사의 글을 읽으면서 나의 첫 느낌은 바로 이와 같은 것이었다. 사실 그의 글은 전문 글쟁이들의 글처럼 잔재미가 넘쳐 나지는 않는다. 신학적인 냄새나 논리적 식견이 우러나지도 않는다. 설교는 더더욱 아니며, 신앙 고백이 담긴 간증도 아니다. 목회 초년병이 척박한 농촌의 목회 현장에서 겪은 해프닝들을 가볍게 적어 내려간 정도에 불과하다고나 할까? 하지만 나는 그의 글을 읽으면서 어떤 재미보다 더한 재미를, 어떤 지식보다 더한 지식을, 그리고 어느 간증보다 더한 감동적인 신앙 고백을 발견할 수 있었다.

오미교회와 상걸리교회 시절의 김상혁 목사, 그가 글로 담아놓은 이야기들을 읽다보면 어느새 그가 흘린 눈물과 한숨, 기쁨과 보람이 내 것처럼 다가옴을 느낄 수 있었다. 어떤 글에서는 그의 채취마저 내 것처럼 느껴지기도 한다.

내가 아는 한 김상혁 목사는 열성적인 스타일의 목회자는 아니다. 교육이나 행정이 치밀한 목회자도 아니며, 몇몇 젊은 목회자처럼 '운동권 목회'를 하거나 터무니없이 비판적이지도 않다. 나는 그가 정말로 사람을 사랑하는 목회자라고 생각한다. 이런 나의 확신은 이 책을 읽으면서 더욱 깊어졌다.

그는 책에서 2년 만에 첫 전도 열매를 얻었다고 기록했지만 사실은 그렇지 않다. 그가 미루나무에 십자가를 매단 오미교회에서 만난 숱한 사람들, 어린아이부터 동네 할머니들, 전도사에게 술 권하던 마을 사람들이야말로 그가 일군 목회의 열매가 아니겠는가.

이 책의 제목대로 교회가 유행인 세상, 목회자가 넘쳐나는 세상이지만 김상혁 목사가 걸어온 목회의 길은 그저 유행처럼 늘어나는 교회와는 분명 다르다. 그의 글을 읽고 나니 교회가 유행인 세상에서 그는 유행을 모르는 '촌사람'처럼 생각되기도 한다.

아무쪼록 이 책이 많은 사람에게 읽혀지길 소망한다. 특히 목회의 길로 들어선 이들이나 미래의 목회자를 꿈꾸는 젊은이들이 한 번쯤은 읽어야 할 책으로 감히 추천한다. 그리고 유행도 모르고 지금도 양주에 있는 주내감리교회에서 열심히 목회하는 김상혁 목사에게 다시 한 번 따뜻한 격려를 보낸다.

장현구(기독교 타임즈 편집국장)

짧은 목회 기간 동안 자주 옮겨 다니는 저에게 누군가 이런 말을 했습니다.

"이왕 교회를 옮기려면 좀더 나은 교회로 가지. 왜 만날 비슷비슷한 데만 골라서 가냐."

저도 그러고 싶어서 꾀를 내보기도 했지만 항상 그 길을 틀어서 여기저기로 내모는 분이 있었습니다.

주님께서는 "제 혼자 몸도 제대로 추스르지 못하는 주제에 목회한답시고 까불지 마라" 하시면서 교인이라고는 한 명도 없는 곳에서 마치 타잔처럼 저를 발가벗기셨습니다. 온전치 못한 성품이 못 미더워 '이게 네 몫이다' 하고 주로 뚝딱거리고, 땅 파고, 물 파는 일을 맡기셨습니다.

그때는 서럽고 외로웠지만 모든 것이 합력하여 선을 이루시는 주님의 뜻이었음을 고백합니다.

1부에서 3부까지는 제 첫 목회 이야기입니다. 평화의 댐에서 가장 가까운 오미리 마을, 따뜻하고 소박한 마음씨를 지녔지만 교회의 '교'자도 모르는 동네 사람들. 그들과 어울리면서도 신앙인과 비신 앙인의 벽을 허물지 못해서 고민하고 아파했던 경험들에 대한 얘기입니다.

4부는 두번째 목회지였던 춘천 외곽에 있는 산골짜기, 상걸리 마을을 배경으로 자기 고백적인 글을 실었습니다.

사실 이 책은 1997년에 출판된 적이 있습니다. 당시 제가 목회하던 춘천의 신동교회 건축을 앞두고 조금이라도 힘을 보태기 위한 목적으로 말입니다. 감리교단을 중심으로 많은 교회와 목사님들, 그리고 성도님들이 이 책을 많이 읽어 주셔서 무사히 건축을 마칠 수 있었습니다. 이 자리를 빌려 다시 한 번 모든 분들에게 감사드립니다.

농촌, 시골 등지에서 어렵게 목회하시던 목사님들과 사모님 중에는 이 책을 읽고 적잖이 위로받았다며 격려의 편지와 전화를 주신 분들도 있습니다. 또 어느 신학대학에서는 졸업을 앞두고 목회를 준비하는 학생들에게 필독서로 권하기도 하셨답니다. 이 모든 일이 제게는 과분한 사랑이고 영광입니다.

올리브북스 김은옥 대표와의 오랜 인연으로 이번에 새롭게 단장해서 재출판 하게 되었습니다. 꼼꼼하게 그 모든 과정을 챙겨주신 김 대표께 진심으로 감사드립니다.

바라는 것이 있다면, 이왕에 세상에 내놓은 글인데 함께 생각하고 나눌 수 있는 유익한 점이 어느 구석에라도 있었으면 좋겠습니다.

2013년 10월, 양주골 하얀 예배당에서

김상혁

1부 하나님이 귀양 보냈네

2부 요즘은 교회가 유행이라지

3부 좋은 교회, 나쁜 교회

4부 스타 의식, 선비 의식

하나님이 귀양보냈네

어떤 젊은이가 갑자기 나타나서 마을 사람들의 집을 기웃거리고, 사람들이 모이는 곳이면 언제든지 나타나서 참견하고 감초처럼 구니까 동네 할아버지들 사이에서 사단이 난 모양이다. "교회의 높은 사람이 자리를 옮겨 주게 되었는데, 옛날 임금님 앞에서도 잘못이 있으면 시골로 귀양 가는 것처럼 교회에서도 잘못한 것이 있기 때문에 이런 곳에 와서 살게 되었다"는 말도 오갔단다.

미루나무에 걸린 십자가

첫 목회지를 향해 나섰다. 모름지기 첫 단추를 잘 끼워야 한다며 '첫 목회의 중요성'을 일러준 선배님들의 충고를 잊지 않았다. 물론 그 말 속에는 '목회 장소와 교회의 규모'까지 포함되어 있다는 사실도 잘 알고 있다. 하지만 목회를 하게 되었다는 사실이 중요하지 '그곳이 어디인가'를 따지는 건 버릇없는 소리요, 더구나 교회의 크기나 교인 수를 미리 재어보는 건 기본이 안 된 자세라고 스스로를 다스려 가며 길을 나섰다.

상봉터미널에서 출발해서 여러 번 차를 바꿔 타고 다섯 시간 넘게 양구를 향해 간다. 대학 2학년 때 전방에서 실시하는 군사 교육을 이 근처에서 받은 기억도 있는데, 그때는 이 길이 온통 비포장 도로였다. 지금은 산뜻하게 포장되어 새로운 목회 인생을 시작하려는 내게 좋은 징조처럼 보였다. '이 도로처럼 주님이 내 앞길을 평탄하게' 하실 듯하다.

 험하고 구불구불한 길을 한참 달려서 도착한 양구. '이제 다왔구나' 싶었는데 시내버스를 타고 한 시간을 더 가야 한단다. 그래도 기가 꺾이지 않고 '참 멀긴 멀다!' 하고 웃을 힘이 남아 있다.

 버스에 가득 탔던 군인들과 학생들이 모두 내리고 나서야 종점에 가까이 왔음을 알았을 때, 드디어 오미리 마을 표지판이 보인다.

 마을 입구에 아담하게 서 있는 '오미초등학교'를 제외하면 한눈에 들어오는 것은 넓은 들판뿐이다. 이 마을 사람들은 논농사를 크게 짓나 보다.

 삼팔선을 북쪽으로 훨씬 지난 마을, 전운이 감돌아야 할 마을은 조용하고 고즈넉한 모습이다. 띄엄띄엄 집 한두 채가 모여 있을 뿐 사람은 없고 땅, 땅만 보인다.

 앞으로 내가 살 곳, 사람들이 사는 마을이 있으니까 교회도 세웠겠지. 호기심 어린 눈으로 찬찬히 살피면서 마을 안으로 들어갔다. 농지 정리를 하고 있는 듯 여러 대의 포클레인이 움직이고 있고, 마

침 사람들도 보인다.

길가에 몇 채의 집들이 나란히 서 있고 나머지는 모두 논이고 저편에는 개울이 있는 듯 둑도 있다.

교회는 사람들이 사는 곳과는 정반대 편인 논만 보이는 곳에 있다고 한다. 아무리 눈 씻고 봐도 누런 땅만 보이지 아무것도 없을 것 같은 그런 곳에 교회가 있단다. 돌 던지면 닿을 만큼 다가갔는데도 교회는 보이지 않았다. 몇 발짝 더 가니까 지붕이 옆 논두렁에 가까스로 걸쳐 있는 평범한 슬레이트 건물이 나타났다. 드디어 움푹 팬 곳에 꼭꼭 숨어 있는 교회를 찾았다.

이곳이 교회인가!

어린아이 팔뚝만한 미루나무 위에 엉성하게 철사로 동여맨 비뚤어진 십자가만 아니었다면 교회라고 할 만한 구석은 한 군데도 없다. 사람이 살지 않는 빈집 같다.

내가 지켜야 할 교회를 바라보면서 "어디든지 가오리다" 했던 다짐은 슬그머니 사라져 버렸다. 겨우내 얼었던 땅이 봄기운으로 녹아내린 탓에 여기까지 오는 동안 무릎까지 엉망이 되었는데 그 엉망된 무릎보다 마음이 더 진창으로 빠져드는 느낌이다.

그 이유를 곰곰이 더듬어 보았다.

내 내면에는 '교회는 적어도 이래야 한다' 는 고정관념이 자리잡고 있었던 것 같다. 이미 스스로가 정한 교회의 모습이 있었기 때문에, 그 모습이 아닌 교회를 보고 당황한 거다.

'첩첩산중 시골 구석, 아무리 모자라고 배고픈 미자립 교회일지라

도 교회를 지키는 할머니 집사님들 한두 분은 계시겠지. 비 새고 바람에 요란해도 녹슨 종 매달아 양철 씌우고 십자가 올린 건물 정도는 있겠지' 하고 아주 당연한 생각을 했다.

'실제로 이와 같은 형편의 교회가 헤아릴 수 없을 만큼 많이 있을 텐데' 하고 현실을 인정하면서도 '하필이면 내가 왜 이런 곳에 왔을까?' 하는 푸념도 막을 수 없다. 조금 더 신중하게 기다리지 못한 아쉬움이 밀려왔다.

걱정이다. 마음 단단히 먹고 첫 목회를 나섰는데 첫걸음에 다리가 후들거린다. 마치 미루나무 위에 얹혀 있는 십자가가 그대로 내 몸 위에 놓여서 후들거리는 두 다리를 더욱 짓누르는 듯하다.

첫 예배

지난 한 주간 이사를 끝내고 대충 짐 정리를 했다. '그래도 혹시' 하는 마음으로 기다리던 할머니 집사님 같은 존재는 어디에도 없었다. '정말 교인이 없구나' 실감이 된다.

첫 예배드리는 날!

학생 몇 명에 아이들뿐이다. 평일에는 학교 가느라 바빴겠지. 오늘은 주일, 드디어 첫 만남이다. 처음 대면하는 마당에 소홀할 수는 없는 일.

설교 노트를 몇 번씩 되넘기며 준비 완료. 세 평 남짓한 예배당에 강대상을 사이에 두고 앞쪽이 제단이다. 강대상 하나가 폭 좁은 예배당을 꽉 채우고 있으니 굳이 제단을 높여서 구별할 필요도 없겠다. 좋은 인상을 심어 주고 싶었다. 박력 있는 전도사로 보이고 싶었

다. 그래서 우렁차게 찬송 한 곡조 미리 뽑아 본다.

　11시!

　5분 지나고… 10분 지나고…

　꼬마 하나!

　꼬마 두울!

　꼬마만 셋, 넷, 다섯!

　옆문으로 들어와서는 낯선 사람이 이상한지 빠끔히 얼굴만 쳐다
보다가 냅다 뒷문으로 도망간다.

　들락날락 왔다갔다.

　말려도 소용없고, 처음이라 화낼 수도 없다. 누가 누군지도 잘 모
르겠다. 이래저래 정신없는 첫 예배다.

잘못 신은 고무장화

낯선 동네에 이사를 왔으면 신고는 당연히 해야 하는 법. 총각 주제에 떡하고 음식 장만할 형편은 안 되고 간소하게나마 기념품을 돌리고 싶지만 여간 돈이 드는 게 아니라 고민 중. 빈손으로 인사할 수는 없는 일이고…… 몸으로 때우는 방법이 없을까?

마침 모내기 철이라 좋은 생각이 났다. 농번기에는 사람을 사서 일한다고 들었는데 일손 거들면서 마을 사람들과 인사하는 것이 최선의 길이요, 자연스런 방법이라는 결론을 내렸다.

빠를수록 좋겠다 싶어 가까운 방산면 농협 구판장에 가서 농사용 고무장화를 사왔다. 그동안 농사일을 돕기 위해 작정하고 자세히 관찰한 끝에 논에서 일하는 사람들이 허벅지까지 오는 노란색 장화를 신고 있다는 사실을 알게 되었다.

허드레옷을 입고 장화를 길게 추켜 신은 내 모습을 거울에 비쳐보니 폼도 그럴싸하다. 전쟁에 나가는 군인처럼 묘한 결의감도 생겼다.

써레질한 너른 평야에 무리 지어 서너 곳에서 일하는 모습이 한눈에도 품앗이하는 중.

"안녕하세요. 저기 교회에 새로 온 전도사예요. 인사도 드리고 일도 거들려고 왔습니다."

인사를 건네며 첨벙첨벙 논으로 뛰어 들어 갔다. 가뜩이나 힘든 판에 일꾼 하나 늘었으니 그가 누구든 반가운 표정들이다.

"새로 오신 교회 분인가요?" 묻기도 하고, "그만두세요. 일도 모를 텐데……" 하는 아주머님들, "고맙소" 하는 영감님도 있다.

농사일은 처음이라고 솔직하게 말하고 무엇을 어떻게 해야 하는지 설명을 들었다. 어린 모를 나르기도 하고, 모심는 기계가 빠뜨리고 지나간 빈자리에 한 움큼 모를 뜯어 심는 것도 배웠다. 서투른 일

부지런으로 때우자는 양 경중경중 뛰어다녔다.

그러기를 한두 시간, 발에 고통이 조금씩 오기 시작한다. 발을 디 딜 때마다 찌르르 온몸이 저려 오더니, 그 정도가 점점 심해져서 모 를 심기 위해 한 발짝 들었다 깊은 논바닥으로 내려놓는 순간에는 감 추기 어려울 만큼의 고통이다. 원래 처음이 힘든가 보다 하고 참았 다. 하다 보면 요령이 생기고 힘이 붙어서 괜찮겠지 싶었으나 그게 아니다. 이제는 발을 움직일 때마다 전기가 흐르는 듯하고 얼굴에는 일 땀이 아닌 식은땀이 흐르기 시작하는 거다.

그렇게 한나절을 버티고 버텼다. 이토록 힘든 농사일이라면 오늘 하루를 넘기지 못할 것 같은 불길한 예감이 들었다.

아무래도 신고 있는 장화에 문제가 있는 것 같다는 의심을 품는 순간, 권하는 점심도 마다하고 갑자기 급한 약속이 있는 것을 잊었노라고 말한 뒤에 쏜살같이 농협 구판장으로 달려갔다. 물건 파는 아가씨에게 아까 여기서 장화 산 사람인데 뭐가 잘못되었는지 다리가 너무 아파 일을 할 수 없다고 했다.

잠시 내 표정과 장화를 번갈아 보던 아가씨가 웃음을 터뜨렸다.

"아저씨, 그거 여자 거예요!"

숨어 있는 교인 찾기

처음 이곳에 와서 두 주간은 꼭꼭 숨어 있었다. 어디서부터 매듭을 풀어야 할지 모를 정도로 엉킨 실타래처럼 마음이 온통 뒤죽박죽이었다. 도무지 살아갈 자신이 없었다. 경기를 앞둔 권투 선수가 상대방의 위세에 눌려 전의를 상실해 버린 모습이라고나 할까? 아니, 사람 많은 곳에서 엄마 잃어버린 아이처럼 공포감마저 들었다. '야반도주라도 할까' 하는 생각까지 들었다.

그러던 중 계시와도 같은 사건이 일어났다. 터질 듯한 심정을 달래기 위해 교회 앞 둑에 서서 먼 산을 바라보고 있노라니 산허리에 길이 나 있는 듯 하얗게 패어 있다. 그 순간 "환난을 만나면 산으로 올라가라"는 성경 말씀이 떠오르는 것이다. 이럴 때 써먹을 말씀이 아니란 건 잘 알지만 '내 마음이 환난을 당한거나 마찬가지니 올라가

보자' 하고는 개울을 건너서 정신없이 산을 타기 시작했다.

산 정상은 아니었으나 저 멀리 방산면 내(內)가 훤히 들여다보일 만큼 충분히 높은 곳이다. 곧 포장할 도로인지 고운 자갈들로 정리해 놓았다.

까마득해 보이는 마을 풍경. 이웃 마을 금악리와 구분없이 한눈에 들어왔다. 바둑판처럼 반듯하게 펼쳐진 논이 흡사 광야 같다. 모처럼 얻은 해방감에 신학교 교가부터 소리쳐 불렀다.

"광야에 소리치고 굽은 길 곧게 하니 그 이름은 예언자 그 이름은 예언자……."

몇 가구나 되나, 손가락으로 일일이 세어 보니 백 가구쯤 된다. 비슷비슷한 집들이 옹기종기 모여 있는 중에 유별난 건물 하나를 찾으려 했다. 물론 교회다. 그런데 놀랍게도 교회라고 해서 특별한 구석 하나 없었다. 오히려 주변 분위기와 썩 잘 어울린다. 순간 깨달음, 나 혼자 특별한 이방인이 되어 외로움을 자청했는가? 마음을 고쳐먹고 저들과 어울리는 삶을 살기 위해 노력해 보자.

동네 사람들과 어울릴 수 있는 좋은 다리 노릇을 해준 일 바쁜 농번기에 부임한 것이 다행이었다.

농사일을 거들면서 얻은 소득은 컸다. 동네 사람들과 자연스럽게 친밀해졌고, 이 마을에 살 자격이 있다는 평도 얻었다. 말하자면 기득권이 생긴 셈이다. 더이상 낯설고 모르는 동네가 아니라 연고지가 된 것이다.

또 다른 소득은 앞으로 신앙생활을 할 가능성이 있는 분들을 발견

했다는 것. 은영 어머니, 종보 어머니, 그리고 창준 씨.

은영 어머니는 아직 끝나지 않은 농지 정리를 위해 일하는 포클레인 기사들에게 밥을 지어 주는 쏠쏠한 아르바이트에 힘든 줄 모른다. 앞으로 이곳에서 살자면 고생이 많을 텐데 힘껏 돕겠노라고 호의를 베풀어 주었다.

종보 어머니, 마을 입구에서 구멍가게를 부업으로 하고 있다. 교회학교 아이들 간식 사러 갔는데 몇 마디 하시는 양으로 보아 신앙의 싹이 있다. 시집 오기 전에 친정 식구들과 교회에 다녔단다.

창준 씨는 보충역(방위) 제대를 앞두고 있는데 농번기라 특별 휴가를 받아 노부모를 돕고 있었다. 논에서 일하던 내게 먼저 인사를 청해 주었다. 제대하면 바로 서울로 갈 계획이지만 그 안에라도 교회에 자주 놀러 오겠다고 했다.

그날 산으로 가서 그 위에서 마음을 고쳐먹게 된 사건은 아무리 생각해도 신기한 일이었다.

아마도 곤고한 내 심령을 돌아보신 주님 뜻이리라, 고백하지 않을 수 없다. 주님 승천하신 후 무력하던 제자들이 오순절 성령 강림 사건을 체험한 후 큰 용기를 얻었던 것처럼 나에게 그 사건은 성령 체험과도 같았다.

꼭꼭 숨어 어찌할 바 모르던 내가 주체할 수 없는 배짱이 생겨 숨어 있는 교인을 찾아 나서게 되었으니까 말이다.

내 힘으로는 불가능한 일이었다.

간부들만 왔어요

내가 다녔던 고등학교의 한 학년 평균 인원은 120명이었다. 막다른 골짜기에 초등학교, 중학교, 고등학교가 각각 하나씩 있었다. 비교할 만한 학교가 없어서 평소에는 잘 몰랐는데 수학여행을 가보니 우리가 얼마나 초라한지를 실감할 수 있었다.

다른 학교는 보통 버스가 열 대 이상인데 우리는 고작 세 대뿐이다. 한창 객기 왕성할 나이에 막말로 쪽수로 밀리니 자존심이 이만저만 상하는 게 아니었다. 정확히 어디였는지 기억에는 없지만 심술궂은 타 학교 학생이 "야! 너희 어디 촌놈들이냐?" 하고 빈정거렸다. 그때 한 친구가 대꾸하기를 "까불지 마, 인마! 우리 학교는 간부들만 수학여행 다녀."

그 말이 너무 재미있어 다른 곳에서 또 다른 일행을 만나면 묻지

도 않는데 "뭘 봐? 우리는 간부들만 왔다"고 노래 부르며 신바람난 적이 있다.

오늘 남밭이란 동네로 야외 예배를 다녀왔는데 마치 그때의 일을 새삼 기억하게 만들었다.

남밭에는 설악산 계곡을 연상케 하는 그림 같은 경치가 있다. 교회 앞을 지나는 개울이 아래로 흘러가 이곳을 통과해서 평화의 댐으로 향한다. 어쩌면 같은 개울인데 그 풍기는 운치가 그렇게 다른지. 교회 앞 개울은 멋스런 구석이라고는 없고 물도 기껏해야 무릎에도 차지 않는다. 게다가 온통 자갈투성이라 맨발로 물놀이를 할 수도 없다. 반면에 남밭은 고운 모래사장이 소복하게 쌓여 있어 아이들 놀기에는 제격이다. 개울 폭도 넓고 수심도 물놀이하기는 안성맞춤 이다.

마땅한 장소를 물색하며 이리저리 돌아다니는데, 다른 교회에서도 나들이를 왔는지 큰 천막을 치고 예배드리고 있다.

아이들이 좋은 곳이 있다 해서 끌려가다보니까 부득이 그 앞을 지나게 되었다. 설마 같은 감리교회는 아니겠지 했는데 하필이면 근처 양구감리교회에서 전교인 야외 예배를 온 것이다. 목사님과 인사하는 동안 수백의 눈동자가 우리 야외 예배 가는 모습을 지켜보는데, 초라한 우리 일행을 동정하는 것 같아 낯 뜨겁다. 지방 내에서 아이들만 있는 교회로 이미 소문난 것도 잠시 잊고 내뱉은 말,

"아이들만 데리고 왔어요……."

그 마음 다 이해한다는 양 지긋이 웃음 짓는 목사님.

배수구는 어디에

"전도사님!"

은영 어머니가 불러 세웠다.

"어제 포클레인 기사 교회 다녀갔지요?"

"아니오, 아! 제가 어제 양구 시내 좀 다녀오느라 교회를 잠깐 비웠는데 그때 다녀갔나 봅니다."

"윤 기사가 배수구 만들어 놨대요. 교회 배수구 좀 파주라고 내가 졸랐어요. 언제부터 해준다고 했는데 어제가 일 끝나는 날이라 그냥 도망가는 것을 억지로 붙들어 시켰죠. 얼른 가서 확인해 보세요."

교회 터가 워낙 낮은 지대에 폭 묻혀 있고 물 빠질 데가 없어서 그러잖아도 걱정이었는데 은영 어머니가 거기까지 신경을 써 주셔서 고마울 뿐이다.

한걸음에 달려가 보니 과연 배수구가 있다. 큼직한 입을 벌리고 있는 게 웬만한 물난리에도 끄떡없을 듯하다. 순전히 돌로 쌓은 둑을 파내고 배수관 심기 위해 족히 몇 시간은 고생했을 포크레인 기사의 수고와 배려에 눈물 나도록 고마울 뿐이다.

그런데,

……??

자세히 살펴보니 공사한 흔적이 전혀 없다. 파낸 자리가 아무래도 표가 날 법도 한데 풀 한 포기 뽑히지 않은 채 그대로다.

혹시나 하는 의심이 생겼다. 기다란 작대기를 구해서 배수관을 찔러 보았다.

막혀 있다!

반대편으로 뛰어가서 개울 쪽으로 나와 있는 배수관을 찔러 보니 마찬가지다.

윤 기사 그 양반! 은영 어머니의 '일 끝내고 그냥 가면 어쩌나' 하는 끈질긴 요청과 성화에 차일피일 미루다가 인정상 뿌리치지 못해 그러겠노라고 대답만 하고 아무래도 귀찮은 일이라 시작할 엄두도 못 내고 꾀를 내었나 보다.

자투리 배수관 두 개를 구해다가 양쪽으로 간단히 박아 놓고 줄행랑을 쳤다.

어차피 다시 만날 사람도 아닐 테니 뒤에 성가실 일도 없고, 오랫동안 시골에서 따분한 공사 맡아 지겨웠는데 이 무슨 성가신 일이더냐. 어서 가서 토끼 같은 자식들과 여우 같은 마누라 얼굴이나 보련다.

그 마음을 이해는 하면서도 영 찜찜하고 섭섭하다. 차라리 약속이

나 말지. 오죽 다급하고 필요한 일이었으면 은영 어머니가 매달렸을
까?

은영 어머니로부터 확인 전화가 왔다.

배수구가 뚫려져 있다고 말했다. 직접 찔러 보기 전에는 이상 없
는 배수구였다. 사실을 밝혀서 은영 어머니 정성 어린 마음에 상처
를 주고 싶지 않았다.

은영 어머니는 윤 기사 연락처를 알고 있을 테고 만약 이 사실을
안다면 "사람이 이럴 수 있냐"고 따질 수도 있고. 아무튼 그냥 넘어
가지는 않을 듯해서 본의 아니게 거짓말을 하게 되었다.

그 바람에 이래저래 내 마음만 '뻥' 하고 뚫려 버렸다.

모두가 아이들만 같아라

오미리 아이들, 내가 이곳에서 목회하는 이유는 아이들 때문인지도 모른다. 아이들과 함께 있으면 내가 해야 할 일을 제대로 하는 듯해 마냥 신이 난다.

얼굴은 사탕 하나에 함박웃음이 핀다. 익살스런 몸짓과 장난에 금방 친구가 된다. 호랑이 담배 피던 시절에서 예수님 얘기로 은근슬쩍 넘어가도 재미만 있으면 "아저씨! 더 해줘요" 하고 합창을 한다.

"아저씨가 아니라 전도사님이야. 따라해 봐" 하면 금방 "쩐두산님, 쩐두산님" 하면서 강강술래 하듯 서로 손잡고 주위를 뱅글뱅글 돌면서 "아저씨가 아니라 쩐두산님" 하고 노래를 부른다.

처음에는 교회 근처 사는 득한, 성한 형제, 윗집 성길이 이렇게 세 명뿐이었는데 며칠 사이 "전도사님하고 놀자"고 모여든 아이들이 몇 배로 늘었다.

주일만 되면 "오후 2시에 모이자"는 약속을 깨고 아침부터 모여들어 온종일 교회에서 재잘대고 뛰어 노는 아이들이지만 가르쳐 주는 대로 잘 따라 하는 모습이 그렇게 귀여울 수 없다.

집에 가서 한껏 자랑하고 광고를 했는지 주일이 지난 다음 날 동네 한 바퀴 돌면 애들 잘 봐줘서 고맙다는 엄마들 인사를 꼭 받게 되고, 아이들에 대한 대화도 자연스럽게 나눌 수 있다.

교육전도사 시절에도 꼬마 친구가 이처럼 많았던 적은 없었다. '진심으로 아이들에게 관심과 사랑을 쏟았던 적이 있었는가' 하고 스스로에게 물으면 고개를 숙일 수밖에……. 교육전도사로서 당연히 해야 할 의무적인 만남이 있었을 뿐이다.

여기서처럼 내 쪽에서 결사적으로 꼬마 친구를 사귀려고 노력한 적도 물론 없었다.

함께 놀던 아이들의 돌아가는 뒷모습을 바라보며 드는 생각이 있다. '오미리 어른들이 이 아이들만 같으면 한결 전도하기가 쉽고 편하겠지. 아이들처럼 작은 관심과 호의에 마음이 활짝 열려서 자연스럽게 교인이 될 거고, 금방 교회가 가득 차고 부흥할 텐데.'

목회? 전도?

친구로부터 전화가 왔다. 안부를 묻고 목회 시작한 것을 축하해 주었다. 그리고는 "교인은 많이 있냐"고 물었다. "아직 교인은 없다" 고 했더니 "설마 그럴 리 있느냐"며 목회 잘하라고 위로한다.

목회, 이 말이 요즘처럼 낯선 적이 있었나?

지금까지 목회란 교인들 교육하고 양육해서 바른 신앙생활을 할 수 있도록 지도하는 일로만 알고 있었다. 또한 이것이 일반적인 생각이다.

교인이 있는 교회를 전제로 말씀을 선포하고, 예배 의식에 관한 연구를 하고, 교인들을 돌보고, 교회 관리도 하는 게 목회이지 그 외의 다른 것은 한 번도 상상한 적이 없다.

이곳처럼 아주 교인이 없는 경우는 참 난감하다. 이런 상황에서

목회를 어떻게 정의 내려야 할까? 교인이 없다고 그저 앉아서 먹고 놀기만 할 수도 없고, 시간 많으니까 성경 보고 못 다한 공부나 하면서 때우자는 식은 곤란하고…….

방법은 한 가지뿐이다. 마을 사람들을 미래의 교인으로 생각하고 그들과 어울리는 생활 자체가 나름의 목회가 될 수 있다. 그것이 제일 좋은 전도 방법인 것 같다.

도시에서는 가는 곳마다 십자가 달린 종탑을 구경할 수 있고, 주일이면 성경책 옆구리에 끼고 교회 가는 모습을 쉽게 볼 수 있다. 그러면 호기심에라도 교회 한번 가볼까 하는 생각이 들 수도 있겠다.

그런데 이곳은 성경이 뭔지도 모르고 복음의 '복' 자도 모르는 사람들이 대다수다. 농촌 사회는 도시와 비교해서 상대적으로 훨씬 보수적이고 배타적이다. 특히 종교에 관해서는 더 그렇다. 지금까지 믿어 오던 종교(그것이 불교든 미신이든 상관없이)를 바꾸는 일은 목숨이 걸린 문제라고 생각한다.

이런 형편에 서울역 광장에서 그랬던 것처럼 기타 치고 찬양하며 "예수 믿으세요"를 밤낮 외치고 다녀?

그런 사람들에게 "예수 믿고 구원받으세요" 하고 전도하다가는 쫓겨나기 십상이다. 하루 다녀가는 전도자라면 능히 그럴 수 있다. 하지만 목회자로서 어쩌면 이곳에 뿌리내릴 수도 있는데 단발 공격으로 그치는 전도는 영 좋은 방법이 아닐 듯하다. 매일 얼굴 맞대고

사는 이웃들끼리 얼굴 붉히고, 피하고, 담 쌓고 살게 된다면 그보다 더한 지옥은 없을 것이다.

성경대로 하는 것이 바람직하다는 결론을 얻었다.

유대인들에게는 유대인과 같이 되어서, 율법 아래 있는 자들에게는 율법 아래 있는 자가 되어서, 율법 없는 자들에게는 율법 없는 자가 되어서, 약한 자에게는 약한 자가 되어서 전도할 일이다(고전 9:20-22).

느긋하게!

전두환은 양구 군수감

오미 마을에서 15분 정도 차를 타고 가면 말 많고 악명 높은 평화의 댐이 나온다. 온 국민이 다 속았다고 가슴을 치고 울분을 터뜨렸던 바로 그 댐이다. 전방 가까이 있다는 사실 외에는 특별함이 없는 이 마을을 유명하게 만들어 준 일등 공신이다.

작은 마을이라 지도상에도 나타나지 않지만 "평화의 댐에서 가장 가까운 민간 마을"이라는 꼬리표를 달아 놓으면 금방 특별하고 대단한 동네가 된다.

이름만 그런 게 아니라 평화의 댐 덕분에 실제 덕을 많이 봤다고 한다.

세상 끝 날이 와도 아스팔트 포장도로 한번 밟아보지 못할 이 동네에 기적같이 반듯한 도로가 생긴 것은 순전히 평화의 댐 때문이다. 댐 건설 자체가 워낙 큰 공사였기 때문에 필요한 자재를 실어 나르기 위해서는 먼저 도로를 닦아야 했다고.

그뿐 아니라 공사 기간 내내 이 마을 사람들에게는 짭짤한 소득원이 되었다. 바쁜 농사철을 피해 품을 팔아서 가계에 많은 보탬도 되었단다.

"딴 데 사람들은 다 미워하고 욕해도 그 사람(전두환 전 대통령)이 양구 군수감이여!"

양구와 화천을 사이에 두고 평화의 댐이 생기면서 이 지역 건설업자들은 물론 민간인, 군인할 것 없이 총동원되는 바람에 한동안 지역 경제가 활성화되고 먹고 살만 했다고 한다.

"이 마을 이름이 좋은 줄 알아! 왜 오미리겠어? 오백 년 후에나 생겼을까, 생각지도 못한 아스팔트 생겼으니 따지고 보면 오백 년 미리 발전했다 해서 오미리지. 안 그래?"

"듣고 보니 일리 있네요. 그런 걸 교회 식으로 말하면 '하나님이 악한 사람을 들어 좋은 일 시키셨다' 고 합니다만" 하고 맞장구친다.

"그런 말이 있소? 악하고 선하고 간에 우리한테 좋으면 다 좋은 사람이지."

"……."

풍금 배우기

오미교회 재산목록 1호를 꼽으라면 단연 풍금이다. 소 우리를 개조해서 만든 예배당. 지붕을 받쳐주는 서까래는 물론이고 엉성하게 뚫려 버린 창문도 삐뚤, 대책없이 막아 놓은 문들도 삐뚤이다. 이곳에서 어설프지 않은 유일한 물건은 풍금이다.

반주자가 있을 턱이 없어 지금까지는 그림의 떡이요, 썰렁한 예배당 장식용으로만 구석 자리를 지키고 있었다.

기타를 치면서 아이들에게 가르쳐 줄 찬양을 연습하던 중에 문득 스치듯 똑똑한 생각이 났다. '기타 치듯 하면 풍금도 연주할 수 있겠구나!'

당장에 달려가서 풍금 뚜껑을 열고 건반을 눌러 보았다. 악보 상으로 'C코드'일 경우, 왼손으로 엄지와 약지를 이용해서 '도' 음을 눌러 주고, 동시에 오른손은 '도, 미, 솔'을 눌렀다. 그랬더니 제법 맞추어진 음이 멋들어지게 흘러 난다. 'D'일 경우엔 왼손으로 '레' 음을, 오른손으로 '레, 파, 라' 음을 누른다. 얼씨구 좋다. 어려울 것 도 없고.

단조로운 찬양을 택해서 천천히 가사를 읊어 가며 서투른 손놀림 으로 건반을 이리저리 옮겨간다. 입으로 하는 노래를 따라가지 못해 손가락이 굳어지면 깍지 손을 만들어 휘휘 저어보기도 하고, 긴장으 로 쥐나는 엉덩이 두들겨주기도 한다.

같은 곡을 열심히 연습한 결과, 손이 입보다 먼저 가서 제 건반을 누르고 다음 코드로 옮겨가기까지 발을 열심히 굴러대면 빈틈없는 훌륭한 반주자 흉내다.

느린 곡은 누른 손가락을 떼지 않고 천천히 발을 구르면 되고, 빠 른 곡은 눌렀다 떼었다를 적당한 빠르기로 조절하는 요령도 알았다.

어지간한 찬양은 막힘없이 연주하게 되었을 때, 예배 시간이 한층 더 즐겁고 흥겨울 것을 생각하니 성취감은 최고다.

로빈슨 크루소의 하루

어느 날 배가 파선하여 무인도에 갇히게 된 로빈슨 크루소! 더이 상 섬을 빠져나갈 수 있다는 희망을 갖지 않았다. 대신 나무를 베어 살 집을 만들고 끼니를 마련하고, 자신이 살게 될 섬의 정체를 밝히 기 위해 종일 탐험하면서 한낮을 보내고 난 뒤, 곤한 육신을 늘어뜨 리고 누웠을 때! 가족들과, 친구들과, 가지가지 사람들과 어울렸던 옛 일을 떠올리며 그리움에 몸살을 앓았을 게다.

교육전도사 시절, 어느 주일의 교회 풍경이 무척 그립다. 그날의 첫 일과는 교사 기도회로 시작되었다. 긴 사무용 책상의 상석에는 교육전도사가 위엄 있게 앉아 있고 양쪽으로 교육부장, 각 부 주임 교사, 평교사 순으로 앉았다. 그날의 예배를 위해서 교사들이 얼마 나 잘 준비했는지를 점검하고 오늘도 성실하게 맡겨주신 사명을 다하기로 다짐한다. 지각한 선생님은 큰 죄를 지은 사람처럼 머리를 수그리고 준엄한 교육전도사의 꾸중을 달게 받았다.

다음은 성가대 연습. 나이 지긋하신 권사님, 집사님들이 청년들 가운데 섞여서 때때로 본의 아니게 이상한 센 소리를 내기라도 하면 지휘봉을 흔들어 대며 "예배 시간 가까워지는데 실수하시면 어떡합니까? 정신 차리세요!" 하는 전도사의 고함에 싫은 표정 하나 없이 "아멘, 할렐루야! 용서해 주세요"로 응수하신다.

저녁 예배까지 모두 마친 후 학교 기숙사로 돌아오기 위해 짐을 챙기고 있으면 "피곤하실 텐데 이것 드시고 힘내세요"라는 메모와 함께 피로 회복제며 빵과 음료수 등이 서랍에 가득하다.

몸은 곤하지만 하루 온종일 교인들의 숲에 싸여 존경과 사랑받은 것 생각하니 절로 위로를 얻고 살맛이 난다.

교회 안에서 열심 있는 교인들이 쏟아내는 사랑과 관심과 존경만

을 편식하다 갑자기 이 모든 것이 사라지고만 바로 이 자리에서, 지
금 복받치고 있는 서러움은 로빈슨 크루소와 같을 것⋯⋯.

하나님이 귀양 보냈네

마을 어귀에 난 작은 길을 계속 따라가면 남금리라고 부르는 마을
이 나온다. 집이 몇 채밖에 없어서 오래전에 행정구역상 오미리로
함께 불리게 되었지만 그곳 분들은 남금리라 해야 좋아한다. 농촌
특유의 뿌리 의식이 있기 때문이다.

그 남금리에 사는 금자 아버지를 만났다. 금자는 지금 중학생인데
늦둥이라 큰오빠와는 수십 년 차이가 난다. 부녀가 나란히 걸어가는
모습을 모르는 사람이 보면 할아버지와 손녀 사이로 오해할 정도다.

얼큰하게 취하신 걸 보니 마을 노인정에서 친구들과 어울리다 오
시는 모양이다.

멀리서 알아보고 꾸벅 인사를 했더니 마침 잘 만났다는 듯 손을
저어 가며 부리나케 오시더니 "아니, 무슨 죄를 지어 여기까지 왔

수?" 하고 뜬금없이 묻는다.

"죄라니요?"

어리둥절한 상대는 아랑곳하지 않고 주섬주섬 읊어대는 금자 아버지 얘기의 요는 이렇다.

어떤 젊은이가 갑자기 나타나서 마을 사람들의 집을 기웃거리고, 사람들이 모이는 곳이면 언제든지 나타나서 참견하고 감초처럼 구니까 동네 할아버지들 사이에서 사단이 난 모양이다. "교회의 높은 사람이 자리를 옮겨 주게 되었는데, 옛날 임금님 앞에서도 잘못이 있으면 벌을 받고 시골로 귀양 가는 것처럼 교회에서도 잘못한 것이 있기 때문에 이런 곳에 와서 살게 되었다"는 말도 오갔다고 한다.

금자 아버지는 딸이 가끔 교회에서 공부도 하고 가는 것을 내세워서 "그렇게 좋은 일 하는 사람이 죄짓고 이런 데 올 것 같으냐"고 편을 들어주었노라고 공치사를 하면서도 못내 그 점이 궁금했는지 말 끝에 "정말 죄짓고 왔수?"를 붙여 버리고 만다.

"네, 사람은 모두 죄가 있지요. 사람인 이상 저도 죄인일 수밖에 없고요. 그러니까 예수님을 믿는 겁니다"라고 말을 꺼내려다가 그랬다간 말 뜻이 와전되어 정말 죄인이더라 하고 영영 낙인찍혀 버릴 것 같아 겁이 덜컥 났다.

위계 질서가 든든한 농촌 사회에서 마을을 움직이는 사람들은 노인정 어른들이다. '어느 집 자식 싸가지 없다'는 말이 그곳에서 돌게 되면 그 싸가지 없는 당사자는 수일 내로 경을 치게 된다. 이런 분들에게 오해받아 인심을 잃어버리면 아주 재미없겠지 하는 데까지 생

각이 미치자 어떤 방법으로든 죄인이 아님을 분명히 해서 금자 아버지로 하여금 계속 내 편을 들게 해야겠다는 위기감까지 들었다.

"아주 높은 사람이 있기는 있는데요. 죄지은 사람을 이런 곳에 보내는 게 아니라 제비를 뽑아서 어느 곳에 갈지를 정하는 거예요. 그러니까 제가 제비를 잘못… 아니, 잘 뽑은 거지요. 그러니까 이렇게 좋은 동네에 와서 살게 된 것 아닙니까?"

금자 아버지는 즉흥적으로 꾸며내는 내 말을 너털웃음까지 지어가며 다 듣고 나서 "그럼 그렇지" 하고는 가던 길을 가셨다.

갑작스런 취조에 얼떨결에 한 대답이지만 일리는 있다. 목회 나오기 전에 여러 교회를 소개받은 적이 있고 그때마다 망설이고 재보고 하지 않았던가. 그런 끝에 결정한 것은 내 자신인 줄 알았지만, 정작

그 뒤에서 결정권을 행사하신 분은 아무래도 저 위에 계신 높은 분
일 것이라는 믿음이 불현듯 들었다.

"귀양 보내신 하나님께 내 지은 죄를 아뢰옵니다."

"죽어! 죽어!"

○○ 할머니는 열성적인 불교 신자다. 대부분의 마을 사람들이 불교 아니면 이름도 모를 무속 신앙을 가지고 있는데, 특히 ○○ 할머니는 큰아들을 어느 보살의 수양아들로 보낼 만큼 철저한 불교도이다.

간혹가다 자신에게 있는 종교적 양심(?)에 의해서 교회 흉을 보려는 경향이 있다. 어쩌다 전도사가 함께 있는 자리에서는 일부러 교회 얘기를 꺼내서 우스갯소리를 만들어내는 재주도 있다.

오늘 ○○ 할머니가 타깃으로 삼은 것은 내가 아니라 처음 이 교회를 개척한 백기성 전도사다.

동네 아주머니들이 쭈르르 몰려 앉아 이말 저말 하다가 ○○ 할머니 결국엔 또 포문을 열어서 교회가 어떻다는 둥 하더니 그 전도사 얘기가 나왔다.

"다림이 아빠 말이야. 세상 천지에 그런 둔자(鈍子)가 또 있을까? 아마 그 집에 이사온 지 얼마 안 돼서였지? 한 번은 그 집 옆을 지나 가는데 '죽여! 죽여!' 하는 소리가 나는 거야. 아, 그래서 큰일난 줄 알고 뛰어 들어갔지. 다림이가 흰 눈이 되어 가지고 넘어가게 생겼 는데 걔 붙들고 울면서 '죽여! 죽여!' 하는 거야. 글쎄, 기도한답시고 죽연지 뭔지를 찾는 모양인데 안 되겠더라고. 그래서 내가 애를 뺏 어서 ○○ 아빠 시켜 병원 가지 않았으면 벌써 무슨 일 났을 거여."

신명나게 몸짓을 섞어서 그때 상황을 말하는 ○○ 할머니 입심에 모인 아주머니들은 배꼽을 잡는다.

"전도사님, 죽여죽여 맞지? 근데 뭘 죽이나?" 짓궂게 물으신다.

"○○ 할머님이 큰일하셨네요. 제가 볼 땐 때마침 ○○ 할머님이 그곳을 지나간 것도 신기하고요. 큰 소리 듣고 가서 아이를 살리게 된 것도 신기하네요. 음… 제 생각에는 백 전도사님 기도를 예수님 이 듣고 ○○ 할머니를 보내신 것 같아요. 교회에서는 예수님을 주 님이라고도 하고 크게 기도할 때 '주여' 하고 부르거든요. 앞으로 ○○ 할머니는 교회 다니셔야겠어요. 벌써부터 예수님 심부름하셨 으니까요."

"엥……?"

최초의 어른 교인

예배가 잠시 중단되었다. 갓난아기를 업은 아주머니가 강대상을 마주해서 난 뒷문으로 성큼 들어서서는 "안녕하세… 어? 그 전도사님이 아니네?" 하더니 둘러앉아 있는 어린 교인들에게 돌아가며 인사를 하는 것이다. 예배 중이니 끝나고 인사를 나누시는 게 좋겠다고 말하고 싶었으나 그럴 짬도 없다. 그보다는 '스스로 예배드리기 위해 찾아온 첫 어른' 이라는 사실에 고맙고 놀라워서 말문이 막혔는지도 모른다.

"소라야! 너도 기도하자. 응?" 하면서 들쳐 업었던 아이를 잽싸게 바닥에 내려놓았다. 누구며 어디 사는 분인지 궁금했지만 학생들을 아는 것으로 보아 이 동네 사람이라는 것과 아기 이름이 소라이니까 소라 어머니라는 건 분명하다.

"소라 어머니! 감사합니다. 인사는 뒤에 하고요. 예배 계속 드리도록 하겠습니다."

끊어졌던 말씀을 더듬어서 이어 하고 있노라니 어린 소라가 뭐라고 칭얼거렸는지 그리 시끄럽지도 않았는데 기저귀 차서 불룩한 아이 궁둥이를 툭탁대며, "요 가시나! 요 가시나! 조용히 안 해?" 하는 바람에 그만 아이가 울음을 터뜨리고 만다.

그러잖아도 옆에서 아주머니 행동 때문에 웃음을 참고 있던 학생들이 전도사의 황당해하는 표정을 보고 마침내 낄낄거리고 야단이 났다.

간신히 예배가 끝나고 식사를 함께하면서 그분의 정체를 알게 되었다. 남금리 사는 주 씨 할머니의 딸이라는 것과 어딘가로 시집을 갔는데 주일이라 예배를 드리러 왔고 한참 동안 여기서 지낼 예정이라고 했다.

"그럼, 여기 계시는 동안에는 꼭 예배에 참석하세요. 약속하시는 거죠?"

"그러믄요. 우리 아버지께 기도해야 살지 어떻게 살겠어요. 어디 안 가면 댕길게요."

아이들이 소라 어머니에 대해서 잘 아는 듯 작은 소리로 주고받고 눈짓이 오가는 폼이 사연이 있을 듯하지만, 차차 자연스럽게 알게 되겠지. 애들한테 전해 들을 얘기는 아니다 싶어 그만두었다.

중요한 건 오늘 우리 교회에 장년 교인이 생겼다는 것이다.

교회 싹 밀고 농사나 지읍시다

교회 주위를 둘러싸고 있는 세 면은 논이고, 나머지 한 면은 개울이다. 그러다 보니 동네 사람들 일하는 모습을 날마다 보게 된다.

은영 아버지가 농약 치기 위해 경운기 발동을 걸면 '탕탕' 소리가나고, ○○○ 씨 내외 비료 주다가 큰 소리로 떠드는 소리도 들린다. 이쯤 되면 방 안에 그냥 있을 재간이 없다. 음료수 한 통 준비해서 돌아다니면서 권해 드리고 쉬엄쉬엄 하시라는 인사를 하고 들어온다.

덕분에 궁금했던 문제 중 한 가지가 풀리게 되었다. 교회 이름에 관한 궁금증이었는데 대내적으로는 분명 오미교회라는 간판에다 마을 사람들도 그렇게 부르는데, 대외적으로는 금악교회로 알고 있다는 거다. 전화번호부에도 오미교회는 없고 금악교회와 오미교회 전화번호가 적혀 있다. 바로 옆 동네 이름이 금악리인데 그 동네와 관련이 있겠지 생각하고 무심코 지나쳤는데 오늘에야 비로소 그 이유를 알게 되었다.

"거 얼마나 고생하슈! 이 교회가 젊은 사람들 생고생시키는 데지. 딱하우, 딱해. 아무튼 잘 마시겠소."

건네주는 음료수 잔을 받아들며 내뱉은 ○○○ 씨의 한마디다.

"전 참 좋은데요. 이렇게 인심 좋은 마을에 살게 된 것이 얼마나 좋은 일인가요."

"인심 하나는 이 동네가 끝내주지요. 원래 이 교회가 저기 금악리서 시작했는데 그 마을 사람들이 연판장 돌리고 신고하고 난리를 떨어서 이리로 쫓겨온 거요. 이게 원래는 우리 집인데 그때 우리가 그 사람들(개척한 전도사 내외)한테 안 내줬음 벌써 교회는 끝났지. 우리 동네 와서도 허락받고 시작했지. 뭐 우리야 맘은 좋으니까 허락했지."

그리고 그 당시에 값을 치르고 건물을 넘겼다는 것이며, 땅은 그대로 그 집 것이라는 것, 특히 해 넘기기 전에 도지를 물어야 한다는 사실을 여러 번 강조해서 알려주었다. 그리고 자기는 3대째 천주교 신자라고 덧붙인다. 어디서 미사를 드리냐고 했더니 양구 시내까지 나간단다.

"뭘 그리 멀리까지 가십니까? 같은 기독교고 이 땅도 교회 시작하라고 내어주셨으니 오셔서 기도도 하시고 신앙생활하세요. 어차피 성당이나 예배당이나 다 같은 당인데……."

"그런 말 마슈. 내가 이 교회 때문에 얼마나 속상한데? 이까짓 교회 농지 정리할 때 한꺼번에 싹 밀고 농사지으면 얼마나 좋아? 지금이라도 다시 내게 팔고 사람 많은 데로 이사 가면 댁도 고생 면할 텐데 어떠슈? 의향 있소?"

그리스도인이라는 소리에 반가워서 전도한다고 권면한 것이 빗나갔다. '이까짓 교회'라는 말에다 '싹 밀고'라는 소리에 자존심이 팍 상했다.

겉모습이 초라하고 교인이 없다는 이유만으로 그런 소리를 듣는다 생각하니 인간적인 서러움까지 들었다.

눈에 보이는 교회로 치자면 당연히 웅장하고 멋진 건물을 가진 교회가 제일이겠지. 하지만 더 중요한 것은 눈에 보이지 않는 무형의 교회(하나님의 살아 계심이 증거되는 모든 현장)가 아닌가!

○○○ 씨는 '오미리에 있는 교회가 왜 때때로 금악교회로 불리고 있는가'에 대한 궁금증을 해결해 준 것 이상으로 우리 교회에 대한 분명한 정체성을 새삼 확인시켜 주었다.

　　"누가 뭐라 해도 이곳은 하나님의 성전이다. 내가 하는 크고 작은 일 모두가 떳떳하고 넘치는 자부심으로 채워질 일이다. 절대 기죽지 말자고!"

술 먹을라우, 떠날라우?

어릴 때 이름도 생각나지 않는 군종 복사님이 교회학교 아이들에게 설교하셨던 적이 있다. 다른 건 기억 못하는데 한 가지는 분명하게 기억한다.

군대는 계급 사회라 윗사람의 명령에는 토달지 않고 복종해야 하는데 어느 날 높은 분이 장난을 치더란다. 술 마시는 공적인 자리에서 목사님에게 술을 권하는데 먹자니 나중에 큰일나겠고, 안 먹자니 공개적으로 주시는 분을 무안하게 만드는 일이라, 이러지도 저러지도 못하는 진퇴양난이 되고 말았다. 순간 "주님, 지혜를 주세요" 기도하는데 퍼뜩 떠오르는 지혜! "이렇게 주시는 귀한 술을 어찌 제가 입으로 마시겠습니까? 이 호의를 평생 잊지 않겠습니다" 하며 머리에 부어 버렸다. 그 후로 그 부대 내에서는 그 목사님의 일화가 전설처럼 남았다는 것이다.

그 뒤로도 이와 비슷한 간증을 여러 번 들었던 것 같다. 워낙 음주 문화가 발달한 사회이다보니 신앙인들을 놀려 주려는 주당들과 이에 맞서는 신앙인에 관한 얘기가 흔한 거겠지.

문제는 바로 그 일을 내가 감행할 기회가 주어진 데 있다. 우리 동네에는 여느 농촌 마을과는 다르게 젊은층이 꽤 많이 살고 있다. 종종 만날 때마다 나이 드신 분들보다는 개방적이고 통하는 면도 많이 있음을 발견한다.

단 한 가지, 잘 나가다 결정적으로 삐끗하는 경우가 있는데 종종 술 가지고 전도사 놀리는 일을 한다는 거다. 전에는 가볍게 놀리듯이 "전도사님도 한 잔 해볼래요?" 하면 옆에서 실없다고 핀잔주고 말리기도 했는데, 오늘은 맘먹고 먹일거라며 유리 아버지가 출반주하고 나선다. 미리 얘기가 되었는지 평소에 잘 말려 주던 지현 아버지도 슬그머니 고개를 돌려 버린다. 한두 번 웃으며 사양했지만 점점 얼굴을 정색하더니 오늘 이 잔 안 받으면 이 마을에서 못 살게 하겠다고 으름장까지 놓는 것이다. 이제는 다른 분들까지 재미있는 일의 결과가 어떻게 매듭지어질 것인가에 흥미를 느낀 듯 열심히 훈수다.

술 먹으라는 말 나오면서부터 전에 들었던 지혜로운 행동을 염두에 두고 나도 그리하리라 맘먹고 있었는데, 막상 어느 순간에 결행할까가 문제였다. 진짜 그렇게 했을 때 반응이 영 딴판으로 흘러서 유리 아버지가 화를 내면 어쩌나 하는 걱정도 들었다.

일단 막걸리 잔을 받아 들고 주위를 둘러보았다. 한 종교인의 타

락하는 순간을 지켜보기 위해 눈들을 치켜 세우고 패를 나누어 마시던 사람들도 이쪽으로 고개를 돌리고는 내가 어떻게 하는지를 주시하고 있다.

한 잔 정도는 괜찮겠지 하는 맘도 없지는 않았으나 일단 한 잔이라도 이들 앞에서 마셨다가는 온 동네에 소문이 날 것이다. 그러면 마을 사람들과는 격없이 지낼 수는 있겠지만 내가 하는 전도를 피할 핑계가 된다면 가뜩이나 교회의 '교' 자도 모르는 이곳에 전도 줄은 막히겠구나 하는 데까지 생각이 이르렀다.

"유리 아버지께서 주시는 거니까 마시겠습니다. 근데 솔직히 저는 술을 먹어서는 안 되는 직업을 가지고 있고, 유리 아버지는 이 마을 사람이 되려면 이걸 마셔야 한다니 내 체면도 살고, 유리 아버지 체면도 사는 길이 없을까 잠시 생각했습니다. 유리 아버지가 제게 술 주신 것 평생 잊지 않겠다는 뜻에서 머리에 붓겠습니다" 하고는 술을 머리에 부으려니까 손은 왜 주책없이 떨리던지…….

"됐소, 거 못 당하겠구먼." 유리 아버지의 말이다.

순간 사람들의 표정을 보고 '오늘 일은 참 잘되었구나' 하는 확신이 들었고 아슬아슬한 위기를 넘기게 되었다. 나를 위해서는 얼마든지 마실 수 있지만 주님을 위해서 용기를 냈다. 그런데 이것도 용기라고 할 수 있나?

어떤 배려

마을에는 가게가 둘 있다.

오토바이를 타고 5분만 달리면 방산면에서 훨씬 좋은 물건을 살 수 있지만 선교 차원에서 되도록이면 마을에 있는 가게를 이용한다.

문제는 두 가게가 도로를 사이에 두고 마주보고 있는 데 있다.

한쪽은 종보 어머니가 농사짓는 틈틈이 부업 삼아 하는 가게이고, 다른 한쪽은 동선 할머니가 소일 삼아, 용돈벌이 삼아 차렸다. 둘 다 구멍가게에 불과하다.

어쩌다 필요한 물건이 있어서 종보네 가게로 들어가면 뒤통수가 근질근질한 것이 동선 할머니가 섭섭하다 노려보는 듯하고, 다른 날 동선 할머니 가게에 들어가면 괜히 종보 어머니 눈치를 보게 된다. 아예 순서를 정해서 번갈아 거래를 해보지만 그런 원칙을 알 길 없는 분들이 '어제는 우리 가게 들렀으니 오늘은 저쪽 가는 게 당연하지. 다음엔 우리 차례야' 하고 생각할 리 만무하다. 아무리 그런 원칙을 세워 놓았어도 다른 편 가게가 걸리는 건 어쩔 수가 없다.

그래서 하루는 양쪽을 다 들러서 솔직하게 그간의 어려움에 대해 털어놓았다. 그리고는 "앞으로 교회학교 간식은 동선네 가게에서 사고, 그 외 생활용품은 종보네 가게에서 사겠습니다"라고 했더니 어찌 그런 데까지 신경을 쓰냐면서도 싫지는 않은 표정들이다.

하루는 교회학교를 마치고 준비한 간식이 모자라서 성길이와 득한이에게 간식 심부름을 시킨 적이 있다. 물론 동선네 가게에서 사오라는 당부와 함께 말이다.

한참을 기다리고 기다려도 녀석들이 함흥차사다. 혹시나 사고라도 난 게 아닌가 해서 가보았더니 동선 할머니 가게는 문이 닫혀 있고, 가게 앞 마루에서 두 녀석이 노닥거리고 있다.

간식 사오라고 해서 와 보니 가게 문은 닫혀 있고 그렇다고 빈손으로 돌아가자니 간식 욕심은 간절하고, 그래서 언제 올지도 모르는 할머니를 애타게 기다리고 있는 중이었다.

앞 가게는 문이 열려 있는데도……

반가운 손님들

지난주에는 반가운 손님들이 왔다. 경기도에 있는 오산교회 청년들이 우리 교회로 수련회를 온 것이다. 친구 병국이가 교육전도사로 있는 교회다. 어려운 시골 교회 도우려는 갸륵한 마음으로 먼 길 달려와서, 교회 수리와 여름성경학교를 진행하기로 했다.

1

아이들은 멀리서 오는 이름 모를 선생님들을 맞이하기 위해 아침부터 내내 들떠서 난리 법석이다.

"전도사님, 선생님들 언제 와요? 빨리 왔음 좋겠다."

온종일 졸라대는 녀석들 투정받아 주느라 지쳐 있을 때쯤 청년들 도착.

25인승 콤비에서 꾸역꾸역 내리는 청년들은 지칠대로 지친 표정이다. 꼬불꼬불 춤추는 길을 몇 시간 달려왔으니 멀미가 나는 청년도 있고, 이런 곳에도 교회가 있구나 놀라는 표정을 감추지 못하는 청년도 있고, 벌써부터 집에 가고 싶은 기색이 역력한 청년도 있다.

그러나 도착 예배를 드리면서 "여러분의 도움이 절실히 필요합니다. 우리 교회는 보시다시피 너무 환경이 열악해서 때때로 뱀도 들어오고 쥐도 드나듭니다. 힘 쓸 수 있는 교인은 담임하고 있는 저 외에는 아무도 없습니다. 주님께서 여러분을 이곳으로 파송한 것으로 생각하고 있는 동안 최선을 다해 주시기 바랍니다."

사정하는 말에 흐트러진 마음을 다시 모으고 결연한 표정을 보인다.

집에서는 귀여움 받는 왕자요, 공주인 청년들이 노란색 티셔츠로 갈아입고 하나 된 마음으로 마을에서 빌려 온 삽과 장비들을 들고 으샤으샤 땀 흘리며 일을 한다. 득한 아버지가 경운기로 모래를 날라다 주고 한쪽에선 화덕에 불 피워 식사 준비를 하고 참을 나르면서, 어디서부터 손대야 할지 모르던 병든 교회 모습이 제 손 갈 때마다 깨끗해지고 그럴 듯하게 변하는 모습을 보고 "야" 하고 탄성을 지른다.

방 안에서는 아이들과 몇 명의 교사들이 부르는 찬양 소리가 힘을 돋아 주었다. 평소보다 배로 모인 아이들도 이 엄청난(?) 역사에 놀라고 신이 난 듯 선생님들이 가르치는 대로 큰 동작에 목이 쉬도록 노래를 부른다.

아이들의 엄마들은 소문 듣고 의견을 모아서 너는 찐 감자, 나는 음료수, 당신은 시원한 아이스크림이야. 마음 모은 간식들을 교회 마당에 던져 주고 가신다.

2

오랜만에 떠들썩한 분위기가 오히려 어색해서인지 잠이 오지 않는다. 그보다는 바다나 강이나 산으로 가서 마음 놓고 뛰놀며 목 터져라 기도하며 신앙훈련 받아도 시원찮을 사람들을 이곳에 묶어 놓고 공연한 폐 끼치는 것이 못내 가슴에 걸려 마음이 바늘방석 위에 앉았다.

가뜩이나 집 나오면 고생이고 잠자리 불편할 텐데, 여자 남자 갈라서 무더기로 엉기고 꾸겨 자는 청년들 잠자는 얼굴에 오늘 하루의 고생이 그대로 나타나 있다.

지금까지 살아오면서 삽질 한 번 안 해본 이도 있을 테고, 어머니가 해주신 반찬 아니면 먹지 못하는 입 까다로운 이도 있을 텐데, 투정하는 모습을 애써 감추지만 이곳 전도사의 예리한 눈을 피할 수는 없다. 그때마다 얼마나 미안했던지…….

3

온 지가 엊그제 같은데 벌써 헤어질 시간이다. 내색은 안했지만 지난 삼 일을 석 달처럼 보냈을 줄 안다. 손바닥에 물집 잡히고 뽀얀 얼굴이 검게 그을려 속상한 줄도 안다. 더구나 하노라고 했지만 표 안나는 교회 때문에 한숨짓는 그 마음도 안다.

"우리 가고 나면 전도사님 또 혼자시네요."

"열심히 하세요. 기도해 드릴게요."

혼자 남게 될 전도사를 바라보며 눈물 글썽이며 마음 아파하는 것도 잘 안다.

하지만 정말 이해할 수 없는 것은 내 마음이다. 여기가 내 집이고 내가 살아야 할 곳이란 걸 잘 알면서도 청년들과 같이 떠나지 못한다는 사실이 왜 이리 속상한지, 그리고 집 찾아가는 청년들 행복해하는 걸 이렇게 시샘하고 있는지를 말이다.

2부

요즘은 교회가 유행이라지

할아버지 입에서 튀어나온 그 유행이라는 말이 뜻밖이다. 언제 이 마을이 복음화 될까? 스스로에게 이렇게 물을 때마다 마음은 늘 안개 속을 헤맨다. '예수님 오실 때까지 여기는 힘들 거다'라는 생각까지 한 적이 있었으니까. 근데 할아버지가 유행이라고 말씀하는 걸 보면 교회 다니는 일이 이곳 노인들에게도 아주 어려운 일만은 아닌 듯하다.

빗속에 들린 소리

'후두둑!'

장마가 시작되려는지, 아니 벌써 시작되었을지도 모른다. 텔레비전도 없고 난시청 지역이라 라디오도 들을 수 없다. 일부러 시내에 가지 않으면 어제, 오늘, 내일은 온통 감감무소식이다.

내리고 있는 비 모양을 봐서는 본격적인 장마가 시작된 것이 틀림없다. 그래도 오늘처럼 비라도 내리는 밤에는 덜 적적하다. 빗소리에 스산한 바람 소리, 고양이 울음 소리, 풀벌레 소리가 들리지 않아 책 읽기에 집중도 되고 훨씬 덜 무섭다. 무섭다고 하는 데에는 이유가 있다.

한번은 득한네가 기르는 칠면조 두 마리가 어떻게 울타리를 벗어나왔는지 교회 앞마당까지 들어 와서는 어찌나 요란하게 울어대는

지 그때 칠면조 울음 소리가 대단하다는 걸 알았다.

'꽈둑 꽈둑 꽈르르르······.'

잠자다 그 소리를 듣고 멧돼지가 내려온 줄 알고 혼비백산해서 도망쳤다. 그 후로는 밤에 깜짝 놀라는 버릇까지 생겼다.

오늘처럼 우렁찬 빗소리는 자장가 같기도 하고 눈 감고 있으면 누군가 옆에서 도란도란 떠들고 있는 것 같아 다정하기 그지없다. 일찌감치 책 덮고 이불 속에 들어가 비오는 날의 특권을 누리고 있는데 밖에서 불러대는 다급한 소리가 들린다.

이번엔 칠면조가 아니라 분명 사람 소리였다. 종보 아버지와 임경모 씨가 비옷을 입고 걱정스런 얼굴로 서 있었다.

"전도사님 걱정돼서 왔수."

대뜸 내 걱정을 해주니 오히려 당황스럽다.

"아니 제 걱정을요? 이렇게 잘 있는데 왜요?"

평소에도 무뚝뚝한 종보 아버지 하시는 말씀,

"몰라서 하는 소리요? 몇 년 전에도 이런 비가 밤새 내려서 교회가 잠기고 난리났었소."

몇 년 전에 큰 물난리가 나서 백 전도사 내외가 피신하는 소동이 있었다는 건 들어서 알고 있었다. 그때 교회뿐만 아니라 온 마을이 수해를 입어 고생이 이만저만 아니었단다. 그 후 마을 사람들이 탄원을 해서 다시는 이런 일이 없도록 든든하게 둑을 쌓은 것도 이미 아는 사실이다.

"그래서 둑 쌓은 것 아닙니까? 이 정도면 괜찮겠죠. 그나저나 이왕 오셨으니 커피 한 잔씩 하고 가세요."

옛날에 고생한 것이 맘에 사무쳤던지 든든한 둑을 쌓아 놓고도 못내 의심이 나서 교대로 순찰 돌기로 결정을 봤고 위험하다면 교회쪽이 가장 위험하니 한번 들러보자 해서 들렀다고 한다.

"이렇게들 걱정해 주시는데 별일 없겠지요. 저희 같은 사람들은 하나님이 잘 지켜주세요. 위험한 일이 있으면 미리 신호해 주시거든요. 염려 마시고 들어가세요."

인사를 받고 돌아서는 두 분. 마음 써 주는 게 마치 교회 청장년들 담임자 위하듯 세심하고 배려가 있다.

오늘밤에는 종보 아버지가 이 교회 장로로, 임경모 씨는 권사로 함께 일하는 꿈을 꾸지는 않을는지…….

편지 한 장의 사연

'험! 험!'

헛기침 소리를 듣고 누군가 하고 내다보니 교회에서 멀지 않은 곳에 사는 조윤명 씨다.

"안녕하세요! 어쩐 일이세요?"

묻는 말에 대답 대신 편지봉투 두 장을 쑥 내민다. 봉투를 보니 첫눈에 해외에서 보내온 편지임을 알 수 있다.

"거 주소대로 겉봉투 하나 써주기오. 쓸 수 있갔소?"

"그렇게 해드립죠."

방으로 들어가 책상을 펴 놓고 영어로 적힌 주소를 옮겨 쓰고 있노라니 "마을에 있는 보건소에 가서 부탁을 해도 못 쓴다고 하고 면사무소에 근무하는 아이들도 어렵다고 고개를 설레설레 흔들더라"

고 묻지도 않은 말을 굳이 하신다. 그러면서 이 힘든 일을 전도사님이 해주니 고맙다는 것이다.

"뭘요, 고등학교 나온 사람이면 이 정도는 쉽게 할 텐데요? 그런데 이 사람이 누굽니까?"

편지를 보낸 사람이 아무래도 남은 아닌 듯해 물었더니 "얘! 내 큰아들 놈이오"라고 소개하면서 마치 그 질문을 기다렸다는 듯 큰아들 자랑이 이만저만이 아니다. 중고등학교 시절에는 양구에 천재났다는 소문이 날 정도였다는 것과 강원대에 진학해서도 줄곧 수석 자리를 놓치지 않았다는 것, 그리고 지금은 박사가 되기 위해 몇 년 째 미국에서 유학 중이란다.

부모가 뒷바라지하는 것이 부담스러워 일부러 춘천으로 유학가지 않고 고등학교까지는 양구에서 다니기를 고집했으니 참 심지가 굳고 효자라는 칭찬도 아끼지 않는다.

"대단한 아드님 두셔서 자랑스러우시겠어요. 멀리서 공부하시는데 건강하라고 기도해 드릴게요" 하며 봉투를 건넸더니 몇 번이나 큰일했다는 인사를 하고 가셨다.

잘난 아들 두었으니 어찌 자랑이 없을쏘냐? 오미리가 좁아서 방산면까지 가셔서 편지봉투 보여 주며 자랑을 크게 하신 모양이다.

저토록 자식 사랑하는 마음, 마치 하나님께서 이 땅의 자녀들 대하시는 마음과 같지 않을는지…….

천사에게 대필시켜 각각의 아들딸들에게 "내가 뒤에 있으니 아무 걱정 말고 열심히들 살거라 잉?" 하며 위로하실 듯.

요즘은 교회가 유행이라지

마을을 움직이는 중요한 장소 둘, 바로 마을회관과 노인정이다.

마을회관은 주로 청장년과 부녀회에서 마을의 주요 행사를 기획하고 논의하는 곳이다. 한마디로 현역들이 이용한다.

노인정은 일종의 원로원이다. 나이 들어 은퇴는 했으나 모두가 지난날의 반장이요, 이장이요, 새마을 지도자다.

일선에서 뛰지는 않지만 엄연한 영향력을 행사하는 자문기관이다. 장기 둘 때 훈수하듯 마을 일에 참견하고 훈수하면 그게 또 통한다.

가끔 노인정에 들러서 술대접도 하고 말동무도 해드리곤 했다. 처음에는 '그래도 목회자인데 술보다는 음료수를 대접해야 남 보기에도 좋겠지' 싶었는데 한번은 한 할아버지께서 취중에 "이왕 주려면 술이나 주지" 하시는 거다.

곰곰이 생각해 보니 내가 대접하지 않아도 어차피 돈 주고 술 드실 분들이다. 그 다음부터는 순교(?)하는 마음으로 술을 대접하게 되었다.

근방에선 유일한 노인정이라 멀리 있는 마을에서도 마실 삼아 오시는 노인들이 많다. 들릴 때마다 처음 오는 사람처럼 일일이 신고해야 하는 까닭도 그 때문이다.

오늘도 한바탕 돌아가며 인사하고 노닥거리고 있는데 한 할아버지께서 내 어깨를 다독이고 두 손으로 합장하며 좋은 일 많이 하라고 덕담을 쭈르르 하시고 나서, "요즘은 교회가 유행이라지? 우리 아이들 부산 살고, 대구 살고 서울 살어. 다 교회 믿지 우리처럼 절 안 다녀."

일부러 교회 얘기는 하지 않으려고 노력하는데 꼭 보답의 뜻으로 교회에 관한 말이 나오기 마련이다.

"할아버지 말씀이 맞으세요. 요즘 젊은 사람들은 다 교회 나가지

절에 안 가요. 똑똑한 사람들은 죄다 교회 다니잖아요? 놀이 삼아 교회 오세요."

"우리는 너무 굳어서 안 되어. 우리 손자 녀석들한텐 교회 믿으라고 내 그래. 우린 불교 믿었지만 너흰 교회 믿을 차례라고 말이여. 우린 너무 굳어 안 되어."

할아버지 입에서 튀어나온 그 유행이라는 말이 뜻밖이다. '언제 이 마을이 복음화 될까?' 스스로에게 물을 때마다 마음은 늘 안개 속을 헤맨다.

'예수님 오실 때까지 여기는 힘들 거다' 라는 생각까지 한 적이 있었으니까. 근데 할아버지가 유행이라고 말씀하는 걸 보면 교회 다니는 일이 이곳 노인들에게도 아주 어려운 일만은 아닌 듯하다.

유행이란 단어만 놓고 보면, '친구 따라 강남 가는' 식으로 깊이 없이 신앙생활하는 세태를 꼬집는 것처럼 들리기도 하겠지만 그 할아버지의 본심은 '많은 사람들이 교회에 다니고 있다' 는 뜻일 게다.

지금은 아이들 학교 가는 것을 말리는 부모가 한 명도 없다. 옛날에는 그까짓 데 가서 뭐하냐고 호통친 어른들도 있었다지만. 그런 것처럼, 첩첩산중 촌노인의 눈에도 이제는 시대적으로 교회 다니는 일이 대세(?)가 되고 있다는 증거가 되니까 그게 기분 좋은 거다.

이곳에 '유행이어도 좋으니 교회 다니는 일을 쉽게 생각하는 날이 빨리 왔으면' 하는 바람을 가져본다.

빈들 마른 풀에 불 번지듯 그렇게 왔음 참 좋겠다.

총각에서 전도사님으로

오미리에 온 지 얼마 안 되었을 때, 옆집 사는 득한 할머니가 대문 앞에서 큰 소리로 부르는 소리는 이랬다.

"총각! 이 떡 좀 먹어봐요."

김이 모락모락 나는 붉은 시루떡이 보기에도 먹음직스러웠지만 그 총각이란 말이 내심 불편한 심사를 만들어 놓았다. 총각이란 말 자체가 싫은 게 아니다. 나이로 봐선 내 할머니뻘 되시니 얼마든지 그런 소리 들어도 기분 나쁠 이유가 없다.

정말 마음이 불편했던 이유는 그만큼 교회에 대해서는 아무것도 모르는 이 마을 형편 때문이다. 장차 이 마을을 복음화하려는 원대한 꿈을 가지고 있는 나를 이 한마디가 주눅 들게 한다. 마치 바가지 하나 들고 바닷물을 퍼내고 있는 처량한 내 모습이 상상이 되니까,

에이! 미련하기는.

그런 득한 할머니 오늘 날 보고 하시는 말씀이 또 이랬다.

"전도사님! 우리 득한이 봐줘서 고마워요."

'분명히 전도사… 님?' 득한 어머니가 '우리 득한이 한글 좀 깨우쳐 달라' 고 싶다는 아이 잡아 끌고 왔길래 며칠 한글 공부시켜 준 일이 있는데 그것이 고마웠던지 부르는 호칭을 한층 격상시켜 주시는 거다.

다른 사람도 아니고 "총각"이라 불러서 주눅 들게 했던 장본인이 "전도사님"으로 불러주니 기분이 곱빼기로 좋아진다. '눈에 보이는 열매만 열매냐? 꼭 교인 숫자가 대수냐고? 인삼은 6년을 묵혀야 하고 은행나무는 몇 대를 거쳐야 제 구실하는 법. 이웃 할머니의 이런 변화는 앞으로 거대해질 복음 나무의 싹 아니겠는감.'

예수전도단과 할머니

예수전도단 순회 사역팀, 계획도 없이 전국을 돌아다니면서 발길 닿는 바로 그 자리에서 전도 훈련을 하는 이들.

그들의 무계획 속에 주님이 계획하셔서 우리 교회에 오게 되었다. 그들 말로는 "어느 마을에 도착해서 버스에서 내리면 반드시 천사가 나타나서 자신들을 인도했다"고 한다. 어떤 때는 버스 안에서 열정적으로 전도하는 모습에 감명받아 자기가 섬기는 교회에 초청해서 집회 인도를 부탁하는 집사님도 있었고, 터미널 근처에서 찬양하며 전도하고 있노라면 꼭 누군가는 와서 영접해 주곤 했단다.

오늘도 양구터미널에서 열심히 전도하고 있는데 한 젊은 장교가 자기 소개를 한 후, 자신이 다니는 교회에 데리고 가려고 했다. 그런데 주님의 각본대로 잘 되어 가다가 그만 결정적으로 틀어지게 되었다. 군대 교회는 상하 명령체계가 확실해서 미리 행사 보고가 상부에 올라가야 하는데 이런 경우에도 예외는 없어서 할 수 없이 수소문한 끝에 우리 교회까지 오게 되었다는 것이다.

그들은 도착하자마자 모여서 감사기도를 하고 각자 흩어져 가가호호 방문하면서 전도하기 시작했다. 한두 시간쯤 지났을까? 돌아와서 하는 말이 "저녁 집회에 마을 분들이 참석하기로 약속했습니다. 우리 주님이 이 교회 한가득 모아주실 줄 믿고 준비합시다." 이 마을의 사정을 그 누구보다 잘 아는 나로서는 과연 얼마나 모일까 궁금하기도 하고, 한 사람도 오지 않으면 어쩌나 걱정이 되었다. 초조한 사람은 나밖에 없는 것 같아서 내색은 안했지만 약속한 시간이 되자 과연 사람들이 몰려들었다. 동네 꼬마 스무 명과 학생 십여 명, 그리고 할머니 일곱 분이다.

그들 앞에서 예수전도단은 찬양 메들리를 열심히 들려 주었고, 주님이 못 박히는 장면을 연극으로 보여 주었다.

자매들은 마지막까지 주님을 따랐던 여인들처럼 울부짖었고 두 형제는 무지막지하게 못을 박는 로마 군병처럼 잔인하게 굴었다. 어떤 할머니가 이 대목에서 벌떡 일어나 극 속의 로마 군인 두 사람의 소매를 붙들고 그만하라고 매달리기까지 했다.

주님 역할을 한 사람이 숨을 거두는 장면까지 마친 후에 천천히 걸어 나와 한 바퀴 '휘!' 돌며 두 손바닥을 관중들에게 보여 준다. 영락없는 핏자국이다. "이 피를 바로 당신을 위해서 내가 흘립니다. 이 몸을 바로 당신을 위해서 버립니다. 나를 믿으시오. 당신은 죽지 않고 영원히 살 수 있소. 나를 믿겠소?" 하면서 할머니들과 눈을 마주칠 때마다 모두가 고개를 끄떡이며 눈물을 쏟아낸다.

자연스레 연극은 끝나고 대원들은 무리 속에 섞여서 한 명 한 명 손을 붙들고 눈물을 흘리며 "할머니, 예수 믿으세요. 예수 믿어야 살 수 있습니다" 하니 그 말이 무슨 뜻인지는 분명 몰랐을 할머니들 자기 손잡고 우는 모습에 하염없는 눈물을 따라 흘린다.

대원들 중에는 교단에 서는 교사도 있고, 서울 강남에서 부유하게 사는 분도 있고, 의사나 교수도 있단다. '오직 복음을 전한다는 일념으로 장기 휴직하거나 귀한 시간을 쪼개고 물질을 바쳐서 이렇게 하는구나.' 영혼 구원을 위해 최선을 다하는 그들의 모습에 나 역시 눈물을 감출 수 없었다.

할머니들과 기념 촬영을 한 후에 예수 믿기로 작정한 할머니들 주소와 이름을 적었다.

"전도사님, 여기에 적힌 분들을 위해 우리도 어디 가든지 계속 기도하겠습니다. 전도사님도 이름을 적어서 꼭 다음 주에 교회 오시도록 하세요."

"그렇게 하지요."

다음 날 아침, 대원들은 누룽지를 끓여서 먹고 새로운 전도지를 찾아서 떠났다. 바로 그날, 어제 오셨던 할머니 한 분을 길에서 만났다. '얼씨구나! 이번 주에 교회 나오시라고 말해야겠다' 고 마음먹고 말을 건네려 하는데 그쪽이 더 빨랐다.

"아! 지난밤에는 잘 봤소. 그 악극단은 또 언제 오남?"

친교부장 할머니

교회 기관이라 하면 여선교회, 청장년회, 남선교회, 그리고 청년
회나 학생회를 일컫는다. 각 기관 임원들 중에 특별히 친교부장은
특별한 달란트를 가지고 있어야 한다. 시켜준다고 아무나 할 수 있
는 자리가 아니니까. 남 앞에 서면 눈앞이 캄캄해져 벌벌 떠는 대인
기피증이 있는 사람이나 조그마한 빈정거림에도 속상해하는 소심증
이 있는 사람들은 절대 이 노릇을 하지 못한다.

오미리에도 '저분은 우리 마을 친교부장이야. 교회 나오시면 바로
친교부장감이다' 라고 점찍어 둔 분이 있다.

동선 할머니!

동선 할머니 집은 오미리 친교의 장이다. 그곳에 앉아 있다 보면
대부분의 동네 사람들을 만나게 된다. 지나가는 사람들 불러 세우는

동선 할머니의 목소리가 어찌나 큰지, 경운기 몰고 가던 동네 아저씨들도 그 소리에 줄줄이 선다.

동네 아주머니들에게는 마실 장소로, 아저씨들에게는 땀 식히며 휴식하는 주막 노릇을 톡톡히 하는 곳이다.

동선 할머니는 전도사도 마다하지 않는다.

"전도사님, 놀다 가기요!"

맨입으로 부르지 않는다. 들어가면 음료수와 과자를 풍성하게, 공짜로 대접한다. 때로는 낮술에 벌게진 남정네들 술김에 된소리라도 할라치면 경우없이 굴지 말라고 호통치는 호기도 있다.

한 무더기 사람들이 술 먹고 나간 후에 근심 어린 말투로 한마디 던진다.

"제가 보니까 만날 외상 술 주시는 모양인데 그렇게 해서 장사되시겠어요?"

"죽을 때 뭐 싸갈 일 있갔소? 나 같은 미화(이곳에서 처음 듣는 말인데 보잘것없는 사람, 바보 같은 사람을 뜻한다)가 이렇게 대접받고 사는 것도 다 요런 공덕 때문인데 그것 없음 어찌 살갔소?"

여유롭다. 살아온 연륜이 저토록 성숙한 인격을 만들어 놓았을까? 그 속에서 하나님 형상을 다시 본다.

"동선 할머니! 할머니는 우리 교회 친교부장이요, 친교부장!"

자각도(自各道)

"이봐, 전도사!" (평상시에는 존대하던 분들이 술만 들어가면 하대가 예사다.)

"예."

"당신 '자각도' 라고 들어 봤어?"

"자… 각… 도라고요?"

"그래, 자각도! 스스로 자(自), 알 각(各), 길 도(道)."

"……???"

"종교가 왜 필요해?"

"사람이라면 의지해야 할 뭔가가 필요하지 않을까요?"

"그렇지 필요하고말고, 암. 근데 나 같은 사람은 아무것도 필요 없어. 내가 최고거든. 그래서 내가 종교를 만들었지. 내가 나를 믿는

종교! 어때? '내가 나를 믿는다.' 이 얼마나 좋으냐고! 내 주먹을 믿고, 내 마누라에 내 아들 놈을 믿고, 친구를 믿고…… 내 말이 틀려?"

"대단하십니다." (아주 공손하게) 저는 제 스스로 아는 게 하나도 없어요. 태어날 때도 어디 내 맘대로 태어났나요? 지금까지 배운 건 다 남에게서 배웠지요. 앞으로 내가 얼마나 살 지 언제 죽을 지도 모르니까 그래서 하나님을 믿는 거죠."

자각도라, 참 건강한 자의식이다.

다만, 바라는 게 있다면 그 자각의 끝에 하나님이 서 계셨으면 좋겠다는 것이다.

소녀 가장, 영미

방산 면사무소 복지과에 근무하는 최 계장이란 분이 다녀갔다. 영미 문제 때문이다. 영미는 동네에서 유일한 소녀 가장으로 어린 동생 복만이, 재만이와 함께 산다. 아버지는 오래전에 술로 얻은 간경화로 세상을 뜨고 그 후 어머니는 집을 나가 버렸다.

이제 중학교 3학년인 영미는 가정환경에 비해서 예쁘고 명랑하게 자랐다. 타고난 성격이 꽤나 쾌활한 편이어서 가끔 까분다고 꿀밤을 먹인 적도 있다. 마음 한쪽에 감추어진 그림자를 읽을 수 없는 건 아니지만 생각보다 어려운 자리를 잘 메워가는 아이다.

영미네 삼남매가 사는 집은 교회에서 마을 입구로 가는 중간쯤 길가에 있다. 언젠가 지나는 길에 들렀더니 마침 식사 중이었다. 뭘 먹냐고 봤더니 제법 맛깔나게 말아 놓은 계란말이에 신김치를 볶아 놓았다.

"야! 요 녀석들이 전도사님보다 더 잘해 먹네? 어디 한술 얻어먹어 볼까" 하고는 염치없이 달려들어 덕분에 포식했다. 혼자 밥 먹는 게 지겹고 밥맛이 없을 때마다 가끔 아이들이 좋아할 만한 반찬거리를 사들고 가서 같이 밥을 먹곤 했다.

남들 같으면 아직도 엄마 아빠의 품에서 투정이나 부릴 나이에 동생들 뒷바라지하랴, 학교 다니랴, 살림하랴, 1인 3역을 야무지게 해내는 영미를 볼 때마다 대견스러웠다.

그런데 오늘 최 계장이 나를 만나러 온 이유는 그 아이가 걱정되기 때문이다. 영미네 앞으로 지급되는 생활 보조금이 있는데 정한 날짜에 영미가 와서 도장 찍고 찾아가곤 했는데 얼마 전에는 가불 아닌 가불을 해달라고 조른 적이 있어서 개인적으로 주었단다.

"그 보조금이란 것이 얼마나 됩니까?"

"뭐 보조금 자체야 얼마 안 되지만 비공식적으로 여러 기관에서 후원하는 돈도 좀 있고……."

꼭 필요한 데가 있겠거니 무심히 넘겼는데 그 뒤로 이런 일이 빈번해졌다고. 생전 안 그러던 애가 왜 그런가 하고 의아한 생각이 들즈음에 이상한 소문을 들었다는 것이다. 양구 시내를 자주 쏘다닌다는 것.

"양구 시내요?"

"아무래도 남자 친구가 생긴 것 같아요. 늦은 밤에 양구 시내에서 걔를 봤다는 사람도 있고요."

사춘기다. 아무래도 영미가 사춘기를 맞았나 싶다.

게다가 지금의 처지를 얼마든지 비관하고 절망스러워 할 나이이기도 하고. 너무 답답하니까 제 방식으로 풀어내려는 거다. 아닌 게 아니라 요즘 그 아이의 행동이 달라지고 있음을 느끼고 있었다. 매일 저녁 동생들 손잡고 하러 오던 공부도 뜸해지고 짜증도 늘었다.

우리는 나름의 대책을 세웠다. 나는 좀더 유심히 영미의 생활을 살펴보기로 하고, 최 계장님은 생활 보조금을 한번에 몰아주지 않고 꼭 돈의 용도를 밝히게 하고 거기에 필요한 만큼만 지급하기로 했다.

마음 써 주는 최 계장님이 고맙다. 때가 되면 공공기관이나 각종 단체에서 우르르 몰려와서 형식적인 선물 전달식을 끝내고 뭐 대단한 일을 한 것처럼 사진 촬영하고 바삐 돌아가는 모습을 지켜본 적이 있다. 그런 모습에 견주어 볼 때 의무적인 공무에 그치지 않고 자상한 관심과 배려를 보여 주는 그 마음이 고마운 거다.

조금 더 자세히 두고 볼 일이지만 영미가 이 위기를 잘 견뎌내서 비 온 뒤에 땅이 더 굳어지듯이 제 앞길을 당당히 걸어가기를 기도한다.

술만 먹고 사는 남자

그리스 신화에 나오는 야누스처럼 술에는 두 얼굴이 있다고 들었다. 하나는 사람의 삶을 흥겹고 풍요롭게 하는 얼굴이고, 다른 하나는 사람을 불행하게 하는 일그러지고 무서운 얼굴이다. 물론 그리스도인에게는 술 안 먹는 게 정도(正道)요, 믿음의 덕을 세우는 길일 것이다.

오미리처럼 농사짓는 곳에서 술은 필요악이다. 고된 일 후에 막걸리 한 잔은 기본이다. 절제할 수만 있다면 술의 좋은 얼굴을 만나서 노동의 즐거움을 한층 더할 수 있겠지만 정도가 지나치면 그날 농사는 완전히 망친다. 일하러 나간 논바닥에 맥없이 나뒹굴어 여러 사람 힘쓰게 만드는 경우도 생기니까.

지현 아버지. 키는 180센티미터 정도 되고 기골이 장대한 것이 옛

날로 치자면 장수감이다. 외모도 연예인 뺨치게 잘 생기고, 마음 씀
씀이도 자상하고, 마을 궂은일에도 빠지지 않는다.

한 가지 문제가 있다면, 보통 사람은 밥을 먹고 사는데 이분은 술
을 먹고 산다는 것이다.

믿기지 않는 얘기지만 하루 세 끼 밥 한 톨 넘기지 않고 술로 때우
는 게 하루이틀이 아니란다. 그래도 밥 한 끼 정도는 먹겠지 했는데
절대 그게 아니라는 증인도 있다. 워낙 튼튼한 속을 가진 사람이라
그럴 수 있다는 거다.

어릴 때 할머니께서 막걸리에 밥 말아 드시는 걸 봤지만, 가끔이
었지 매일 그렇지는 않았다. 그래서 가끔 그 밥 얻어먹는 재미에 술
심부름을 자원하기도 했다. 지현 아버지가 가족도 없이 혼자 사는

이유도 그놈의 술 때문이다. 언젠가 지현 아버지를 붙들고 진지하게
얘기한 적이 있다.

"지현 아버지! 술 좀 그만 드세요. 그러다 일나겠습니다. 제발 몸
생각하세요."

"그런 말 마슈. 오죽하면 마누라가 도망가고 새끼들 버렸을라구?"

술을 너무 먹어 사람 구실 못하니까 참다참다 지현 어머니가 최후
의 통첩을 했다고 한다.

"나를 택하든지, 술을 택하든지 둘 중에 하나를 택해."

"난 술이 더 좋다. 술이다."

그 길로 아이들은 양구 시내에 사는 외할머니 집으로 이사를 가고
부인은 서울에서 새 인생을 시작하게 되었다는 것.

동네 사람들이 지현 아버지 얘기만 나오면 고개를 설레설레 흔드
는 이유가 또 있다. 함께 농사지으며 술내기 하듯 퍼마시던 친구들
몇 명이 그 술을 이기지 못해 세상을 뜨고 말았다는 것이다. 매일 같
이 부어대는 술에 속이 견디지 못해 간경화가 되고 술병이 나서 결
국에는 유명을 달리하고 말았다.

그러다 죽을지 모르니 함께 밥 지어 먹고 며칠이라도 같이 살자는
권유도 해보았다.

자기한테는 그런 말 안 통한다고 손을 절레절레 흔들더니 배를 툭
툭 치며 하는 말, "이 배는 무쇠요, 말술에도 끄떡없는 무쇠. 두고 보
쇼. 이 동네에서 내가 제일 오래 살 테니까. 내가 먹는 건 술이 아니
라 곡차란 말이지. 전도사님, 곡차란 말 알지? 우리 곡차나 한 사발

들이킵시다" 하곤 고개를 끄덕이며 너털웃음이다. 아무렇게나 자란 턱수염. 방금 마신 막걸리가 그 수염을 타고 흘러내린다.

내 눈에도 지현 아버지가 정상은 아니다. 속이 아무리 튼튼하다 해도 옛날 얘기다. 지금은 그리 많은 술이 아닌데도 금방 혀가 꼬부라지고 몸을 가누지 못하니까.

술을 먹지 않고는 못 견디는 현실 때문일까? 아니면 또 다른 개인적인 사정이 있어서 일까? 원인이야 어찌됐든 사람이 술을 먹는 게 아니라 술이 사람을 먹고 있는 지현 아버지의 모습에 안타까운 마음 뿐이다.

세 가지 암시

최근 들어 절대 엄두도 내지 못하는 일을 꿈꾸게 만드는 사건들이
줄이어 생겼다.

바로 교회 건축이다.

어른 교인 한 명도 없는 그야말로 아무것도 없는 교회에서 건축이
웬 말인가? 처음에는 고개를 흔들며 실현되지도 않을 망상(?)을 떨
쳐 보려고도 했다. 그런데 그 사건이라는 게 점점 확실한 윤곽을 드
러낼 때는 당해 낼 재주가 없다.

1

둑에 난 길은 마을 사람들이 자주 이용하는 고기잡이 길이요, 천
렵 가는 길이다. 하루일을 마칠 때나 한가할 때, 교회 방향 길을 따

라 개울가로 내려가서 목욕도 하고 투망 던져 피라미를 잡거나 달팽이를 건진다. 둑이 비스듬히 끝나는 머리에 교회가 있다. 창문은 배보다 배꼽이 더 큰 모양으로 엉성하게 뚫려 있고, 지나가는 사람의 방귀 뀌는 소리까지 들릴 지경이다. 보통은 별채인 안방에서 지내는데 그날은 일이 그렇게 되려고 그랬는지, 우연히 동네 사람들이 주고받는 얘기를 듣게 되었다.

"어떻게 하나님 믿는 교회가 이처럼 오랫동안 초라하게 방치되어 있어."

그들이 그렇게 말하는 것도 무리는 아니다.

2

지현 할머니가 사위를 보려고 오미리에 왔다가 일부러 교회까지 찾아 주셨다. 초면임에도 불구하고 대뜸 하시는 말씀이 자기에게 땅 200평이 있는데 교회 지을 생각이 없느냐는 것이다. 오미초등학교 바로 앞 건너편에 있는 땅이란다. 교회는 되도록이면 많은 사람 눈에 띄는 곳에 있어야 좋다는 게 통설. 반면 우리 교회는 완전히 파묻혀 있으니 그 소리에 귀가 번쩍 뜨였다.

"나도 교회 다니오. 오미리 들릴 때마다 교회가 이 모양이라 속이 많이 상했는데…… 한번 군청에 가서 알아볼라우? 내 그 땅 내줄 테니 알아봐요."

땅 주소와 할머니 이름을 알아서 한걸음에 양구 군청으로 날아가서 자세히 알아보았다. 그런데 안타깝게도 그 땅의 임자가 따로 있었다. 몇 년 전 도로 확장 공사 관계로 한국도로공사에서 보상을 해 주고 소유권까지 옮겨 놓은 상태였다. 당시에 공사 측에서 도로로 깎아내고 남은 자투리땅을 전 소유주가 농사지을 수 있도록 배려한 모양인데 세상물정 모르는 노인네가 고 만큼 자기 땅이 남아 있는 것으로 착각한 것이다.

3

학교 후배가 경기도 구리시에서 목회하는 아버지께 우리 교회의 어려움을 말씀드린 적이 있다고 한다. 때마침 그 교회 청장년회에서 농촌 교회를 돕기로 결의한 후에 마땅한 교회를 물색하던 중 목사님 께서 우리 교회를 소개하셨단다.

연락이 왔다. 청장년회 임원들이 부부 동반으로 자신들이 도울 교 회가 어떤 교회인지 알고 싶어서 답사를 오겠단다.

며칠 후 약속한 날에 그들이 도착했다. 교회를 돌아보면서 내내 입을 다물지 못한다. 쓰러져 가는 한 농촌 교회를 바라보면서 자신 들이 가만히 있어서는 안 되겠다고 생각했는지 긴급 회의를 열었다.

회의 결과는 '어떻게든 이 교회 건물이라도 지어 보자' 는 것.

광고업자들이 자기네 상품을 구입하도록 시청자들의 기억 속에 뚜렷한 흔적을 남기는 행위도 일종의 암시라고 한다. 정치하는 사람 들이 소속 당과 자신에게 투표하도록 계속해서 떠들어 대는 것도 하 나의 암시라고 한다.

무기력증이나 열등감에 사로잡힌 사람에게 자신의 능력을 자꾸만 확인시켜 주고 개발시켜 주는 것도 일종의 암시행위라고 한다.

평소에 전혀 생각지도 않은 교회 건축 문제에 관심을 갖게 하는 이 세 가지 사건 역시 암시임에 틀림없다. 주님이 내게 주시는 암시.

'충분한 동기를 주셨으니 그 일을 이룰 만한 여건을 열어 주시겠지' 하는 마음으로 일단 기도할 일이다.

신나는 하루

며칠 전 마을 반장 일을 보는 유리 아버지가 찾아와서는 "전도사님도 이 마을 사람이니까 할 일이 하나 있는데 들어줄래요?" 한다.

"뭡니까? 제가 할 수 있는 일이면 도와 드려야죠" 하면서도 은근히 큰 일이면 어쩌나 하고 걱정하는 순간,

"해마다 가을걷이가 끝나면 마을 대항 체육대회가 열리는데 전도사님도 뭐 좀 맡아야겠소."

한 해 농사를 마무리하고 모든 마을 사람들이 모여서 신명나는 운동회를 열려나보다. 아무튼 빠질 이유가 없다는 생각에 쾌히 응낙을 했다.

방산면 내에는 6개의 리가 있다. 이중에서 이럴 때마다 제일 불리한 동네가 오미리와 금악리다. 다른 마을은 군부대를 끼고 있어서 직업 군인들이 많이 살고 있기 때문에 선수 구성에 있어 단연 유리

할 수밖에 없다. 항상 그 패기에 눌려 꼴찌는 오미리 아니면 금악리
였다고 한다.

친선이 주 목적 있긴 하지만 막상 경기를 시작하면 이기는 게 지
는 것 보다 훨씬 나은 법이다. 더구나 불공평한 여건 때문에 진다는
사실이 패배를 인정하지 못하게 만들었다. 그래서 대회 날 저녁이면
오미리 사람들은 스트레스를 몇 곱이나 더 받아서 밤새도록 술이나
마시는 게 고작이었다.

올해는 좀 다를 거라는 예감이 들었다. 오미리 젊은이들이 모이니
제법 탄탄한 팀 구성이다.

나 때문이라기보다는 종일이라는 청년 때문이다. 종보의 친형으
로 부산해양학교 졸업반으로 실습 차 원양어선을 타다가 얼마 전에
휴가 맞아 집에 와 있었다. 이 청년이 운동에 소질이 있다니 일단 그

에게 기대를 거는 눈치다.

반면 내게 보내는 눈길은 자리만 지켜달라는 정도다. 하긴 어찌 알 겠는가? 비록 후보였지만 학교에서 축구 대표였다는 사실을 말이다.

6개 리 전체 주민들이 방산초등학교 운동장을 가득 메웠다. 각각 마을 이름이 새겨진 천막을 치고 노인들은 내빈석에 자리하고 부녀 자들은 음식 장만에, 행사 지원에 분주하다.

종목은 달리기, 족구, 배구, 계주, 마라톤, 축구, 배구, 힘겨루기, 줄다리기 등이다. 애초부터 자신 있었던 종목은 달리기와 족구, 축 구였다.

그런데 한 가지 걱정거리가 생겼다. 양구에는 초교파적인 교역자 모임이 있어서 목회자끼리 안면이 있는 터에 다른 교회 목회자들은 가슴에 꽃 달고 내빈석에 앉아 있는데 '이거, 나만 이래도 되나?' 하 는 생각이 슬며시 드는 것이다. '적당히 하는 척하고 중간에 사라질 까나?' 하는 망설임까지 들었다. 그렇다고 젊은 사람 하나 늘었다고 좋아하는 마을 사람들을 외면할 수는 없는 일이고 이걸 어째?

결국 누구라도 내 입장이 되면 뛸 수밖에 없을 것이라는 결정을 하고 눈 딱 감고 뛰어보기로 마음을 굳혔다.

온종일 고삐 풀린 망아지처럼 운동장을 누비고 다녔다. 오랜만에 신어 보는 축구화가 마치 절로 춤을 추는 기분이다. 당연히 일등하리 라고 생각했을 작년 우승팀 송현리까지 꺾고 당당히 결승에 올랐다.

날아오는 공을 뒤꿈치로 받아서 살짝 방향을 틀어 놓으니 막고 있 던 수비수 두세 명이 동시에 헛발질이다. 관중석에서는 '와' 하고,

상대 마을에서는 "저 사람 부정 선수다" 하고 심판에게 항의하는 일도 생겼다.

"뭔 소리여? 우리 동네 전도사님이라고."

"……"

뜻밖에 선전하는 전도사를 온 마을이 응원했다. 잘 모르는 사람도 땀 닦으라고 수건을 내민다. 손 한번 잡아 보자고, 고맙다고 난리다.

종합 성적 3등, 오늘의 결과다. 100미터 달리기 준우승, 축구 준우승, 마라톤 우승, 줄다리기 준우승 등등 혁혁한 전과를 올렸다.

행사가 끝날 때쯤 동태를 살펴보니 매년 속상해서 술 마시던 사람들이 올해는 축하의 술 파티를 할 것 같다. 사람은 모름지기 나설 때와 물러설 때를 알아야 하는 법. 대충 핑계대고 무리를 빠져 나왔다.

오늘 하루 잃은 게 무엇이고, 얻은 게 무엇일까를 곰곰이 따져 보았다. 목회자로서의 체면을 잃었던가? 잘 모르겠다. 어쨌든 잃은 것보다 얻은 게 더 많다는 확신이다.

"주님이라도 공 차고 달리기 하셨겠죠?"

오미리 사람들에게 오늘처럼 교회와 전도사를 인상 깊게 새겨준 날이 언제 있었나?

부끄러운 일

주보를 만들 때마다 마음에 꺼림칙한 게 하나 있다. 예배 순서에 안내 위원, 기도 맡은 이, 헌금 위원을 적어야 하는데 꼭 거기에다 '이종보 성도, 전호국 성도, 김은영 성도, 김영미 성도'라고 학생들 이름에 마치 어른들인 양 '성도'를 붙여 버리고 마는 것이다.

왜 떳떳하게 '이종보 학생, 전호국 학생, 김은영 학생, 김영미 학생'이라고 밝히지 못하는지…….

복사를 하기 위해서는 양구나 방산으로 나가야 하는데 복사 가게가 흔치 않기 때문에 다른 교회들도 대부분 같은 곳을 이용한다. 그래서 더더욱 그렇게 못하는 거다.

학생들만 있는 교회라는 사실이 부끄럽고 창피해서다.

숫자와 겉으로 드러난 모습으로 목회자의 능력을 판단하고 알아주는 세상을 여전히 의식하는 것이다.

그러니까 자신감 없이 자신의 목회를 떳떳이 공개하지 못하는 게 아닐까? 따지고 보면 당해도 주님이 당할 일이다. 나는 그저 도구일 뿐인데…….

이 일이 부끄럽지 않다면 다음부터는 '○○○ 학생'이라고 제대로 써 봐야겠다.

달려라, 재만아

오미초등학교는 농촌 학교 치고는 꽤 인원이 많은 편이다. 해가 갈수록 학생 수가 줄어서 문을 닫는 시골 학교들이 늘어나는 현실을 생각하면 그나마 다행이다. 지금까지는 옆 마을 금악리 아이들까지 합세해서 아직은 40명 선을 유지하고 있지만(본교와 분교를 가르는 기준이 40명이라고 한다) 학년 분포를 살펴보면 위태롭기만 하다. 고학년에서 저학년으로 갈수록 숫자가 줄어들고 올해 졸업반 아이들은 일곱 명인데 내년에 들어올 신입생은 아예 없단다. 분교로 전락하는 것은 시간 문제라고 걱정하는 선생님들의 얘기를 들었다.

오늘 가을 운동회는 '오미초등학교' 이름으로 열리는 마지막 행사가 될지도 모른다. 아마도 내년부터는 방산초등학교 운동장 한쪽 귀퉁이에서 기죽어 있는 아이들의 모습을 보게 될지도 모르겠다.

"에그! 미리미리 많이 좀 낳지."

"그러게 말이야! 오미리 자존심이 있지. 분교가 뭐냐고. 이제부터 한 집에 하나씩 할당인 줄 알아요?"

짓궂은 농이라도 맥없이 웃을 수만 없는 넋두리까지 주고받는다.

하늘에는 만국기가 펄럭이고 씩씩한 행진곡이 울려 퍼지는 가운데 '마지막이 될지 모르는 운동회를 멋지게 치러 보자'는 교장 선생님의 특명을 미리 받았는지 아이들의 모습이 자못 비장해 보인다. 머리는 청색, 흰색으로 굳게 동여매었다.

운동회 순서는 덩치 크고 인원 많은 학교와 전혀 다를 게 없다.

뱁새가 황새 쫓다가 다리 찢어지겠다! 아니, 아이들 다리가 찢어지겠다. 적은 인원으로 그 많은 순서를 해내려니 아이들은 점심을 먹기도 전에 힘을 다 쏟는다. 잠시 쉴 사이도 없이 호루라기가 울릴 때마다 메스 게임하느라 뭉쳤던 몸을 풀고, 제자리에 돌아오기가 바쁘게 또 곤봉을 잡는다. 달리기 한 탓에 숨을 깔딱거리면서도 모래주머니를 집어 든다.

생생하던 아이들은 피곤으로, 땀으로, 먼지로 얼룩져 갔다. 정말이지 고된 운동회 톡톡히 치르고 있다.

그래도 아이들은 아이들이다. 모처럼 농사일 잊어버리고 바리바리 맛난 것 싸 가지고 응원 나온 엄마 아빠들이 있어서 힘든 줄 모르고 신이 났다. 복만이와 재만이만 빼고…….

초등학교 몇 학년 때였나? 딱 한 번 엄마가 운동회에 못 오신 적이 있었다. 잰 걸음을 가지고 있던 내가 노트 한 권, 연필 한 자루 받지 못했던 것도 그 해 운동회뿐이었다. 친구 어머니가 주시는 김밥은 어찌나 모래알 같던지. 하필이면 이런 날 오지 못한 엄마를 많이 원망했던 거 같다. 단 하루였는데도 말이다.

선생님들도 특별히 신경을 써 주셨고, 나 역시 애초부터 두 녀석 때문에 운동회 참석하기로 마음먹은 건데 어디 엄마의 응원만 했겠는가?

오전 개인 달리기에선 형제가 약속이나 한 듯 꼴찌를 했다. 네 명 중에 한 명만 따돌려도 등수 안에 들 수 있으련만……. 맘속으로 얼마나 응원을 했는데, 보람도 없이 둘 다 꼴찌를 했다. 중간에 넘어졌다 달리는 아이한테도 추월당하고. 그 애 엄마는 또 얼마나 좋아하던지.

오후 시간, 마지막 순서로 장애물 달리기다. 출발 신호가 나면 바로 앞에 놓여 있는 쪽지를 보고 거기 적혀 있는 사람과 함께 장애물을 통과해서 운동장을 한 바퀴 돌아오는 경기다.

'탕!'

총소리가 나자 '와! 와!' 아이들이 파트너를 찾느라 정신이 없다. 동네 이장님, 반장님, 노인회 회장님도 차례차례 손을 잡혔다. 동작 굼뜨던 재만이도 누군가를 찾아서 이리저리 고갯짓을 하더니 나와 눈이 마주치는 순간 얼굴이 환해진다. 재만이 파트너가 누군지 알았다!

총알같이 뛰어나가 재만이를 숫제 끌어안았다. 저만치 등을 보이며 달려가는 선수들을 따라 잡기 위해선 이 방법이 최고다! 한 팀

한 팀 떨어뜨리고 일등으로 들어왔다. 안고 뛰는 것은 반칙이지만 정상 참작이(다른 아이들은 이미 많은 상을 받았기 때문에) 되어 재만이는 노트 세 권을 받을 수 있었다. 녀석이 밝게 웃는 모습을 오늘 처음 봤다.

가진 자의 불행

얼마 전 중고지만 자가용을 대형으로 바꾸었다. 30cc 핸디 오토바이는 이름 그대로 장난감 같았다.

뜸하게 있는 시내버스를 기다리기가 지루해서 핸디를 끌고 양구 시내까지 다녀온 적이 몇 번 있었다. 더구나 이곳 버스는 지독한 완행인지라 정거장이 없어도 사람만 있으면 다 선다. 성질 급한 사람에겐 참 짜증나는 일이라서 쉬지 않고 달릴 수 있는 핸디를 자주 이용하게 되었다. 그런데 양구 가는 길목 고갯마루에서는 항상 버스에게 추월당하기 일쑤다. 그리 심한 고개도 아닌데 장난감 같은 핸디는 제대로 넘어주는 법이 없다. 꼭 주인이 손수 끌어 주어야 했으니까. 그래서 핸디라고 이름을 붙였는지도 모른다고 투덜거렸다. 그나마 이젠 엔진이 슬슬 고장을 일으키기 시작.

아주머니들 시내에서 장볼 때 가볍게 타라고 만들어진 핸디를 시외 출장용으로 마구 타고 다니니 언제나 중간에서 심통을 부렸다. 엔진을 한참 식혀주기 전에는 액셀러레이터를 끝까지 당겨도 나 몰라라 끄떡도 않는다.

멀리서 보면 영락없는 자전거다. 헬멧 쓰고 시내 나가서 웃음거리가 된 적도 있다. 이래저래 필요를 절감해서 125cc 대형으로 교체해 버렸다.

맘먹은 대로 달려주는 맛. 그래, 바로 이거야. 어려운 형편에 가까스로 구입하였으나 후회는 절대 없음. 앞으로도 없을 것을 확신함.

그런데 이 확신은 조금씩 무너져 갔다. 워낙 속도감이 있다 보니 핸디 탈 때처럼 여유를 부리며 구경하고 딴 생각하다간 위험천만한 커브길을 피할 수 없다. 천천히 가는 승용차와 속도 겨루기를 하다가 체인이 풀어진 적도 있다. 체인이 바로 풀렸으니 망정이지 엉켜서 뒷바퀴를 잡아채기라도 했으면 아주 하나님 품이다.

비가 살살 내리는 어느 날이었다. 빗길에 위험하다는 걸 알아서 가뜩이나 조심스럽게 몰면서 완만한 커브길을 돌아 직선 도로에 들어섰다고 생각되는 순간 액셀러레이터를 당겼다. 천천히, 아주 천천히 말이다. 그리고 기억이 없다.

정신을 차리고 보니 머리에 썼던 헬멧은 벗겨져서 어디론가 사라져 버렸고, 오토바이는 밑바닥을 드러낸 채 저만치 누워 있다. 사람은 사람대로 얼마나 뒹굴었는지 옷은 찢어지고 무릎이 훤히 드러나 보이는데 피투성이다. 마주해서 지나가는 차라도 있었으면 또 하나

님 품이다.

이 지경이 되고 보니 핸디가 그리워졌다. 비록 느리고 답답할 망정 한번도 주인을 메다꽂은 적이 없고 안장 위에서 벌벌 떨게 하지도 않았다.

가지면 가진 만큼, 빠르면 빠른 만큼 치루는 대가도 그만큼 큰 것일까?

인기 투표 일등(?)

호국이가 털어 놓은 비밀 하나.

"전도사님, 우리 반 아이들끼리 인기 투표했어요. 누가 1등 했게요?"

아마도 연예인이나 운동선수 중에서 제일 잘 나가는 인기 스타를 뽑았던 모양이지. 일부러 모르는 척하고 "구봉서? 배삼룡?" 했더니 우리 전도사님 완전 할아버지라며 흉을 본다.

"좋아, 좋아! 그건 농담이고…… 이번엔 제대로 해보자고! 음, 심형래? 아니면 박철순?" 하고 말했더니 "에이, 그건 전도사님이 좋아하는 사람들이고요. 사실은 전도사님이 1등이에요. 기분 좋으시죠?"

"그래, 기분 최고다."

알고 보니 인기 스타는 물론, 부모님도 빼고 학교 선생님들까지 제외한 나머지 주위 사람들 중에서 뽑은 결과라는 거다.

"그럼 그렇지, 예끼! 고얀 놈. 전도사님을 놀려."

앞에선 야단을 쳤지만 그래도 그게 어딘가? 빼고 빼고 다 빼도 생각나지 않는 인물이 되는 것 보다 조금이라도 학생들 마음에 남아 있는 존재가 되었다고 생각하니 썩 싫지는 않았다.

이유를 묻는 말에 호국이 대답,

"전도사님하고 우리는 말이 통하잖아요."

그러고 보니 이곳 아이들에겐 또래 아이들 말고는 말 상대가 없다. 농사짓는 부모님들은 교육열은 있을지 모르나 때로는 맹목적인 권위 의식으로 아이들을 이해하기보다는 다그쳐서 부담을 주는 편이고, 선생님들은 아이들 스스로 거리감을 두고 어려워한다나? 선배들도 공부하러 대부분 유학을 가서, 지금 아이들에게 마땅한 얘기 상대가 없는 것은 분명한 현실이다.

이런 상황에서 그나마 젊은 전도사가 그들과 가장 가까운 존재가 될 수 있는 건지도 모르겠다. 때로는 형 혹은 오빠가 되어주기를 바라기도 하겠지.

아이들이 필요로 할 때 거리낌없는 벗이 되어주는 것도 내 목회라면 목회다.

니들도 엿 먹어라

오늘 저녁 교회 앞마당이 학생들로 가득 찼다. 며칠 후에 고등학교 입시가 있는데 후배들이 선배들을 위한 위로회를 교회에서 열기로 했기 때문이다.

줄잡아 삼십 명은 넘어 보인다. 신문지 깔아 상을 대신하고 여기저기 널려 있는 벽돌을 구해다가 의자를 대신한다. 쌀쌀한 날씨에 아랑곳하지 않고 즐겁기만 하다. 방산중학교 학생들에겐 중요한 연례행사요, 전통을 이어가는 진지한 의식이 시작되고 있는 거다.

"너희들을 위해서 내가 기도해도 괜찮겠지?"

아주 조심스레 제안했는데 의외로 다들 좋다고 한다. 기침 소리 하나 없이 조용한 가운데 이처럼 좋은 선후배 동기들 주심에 감사하고, 건강주심에 감사하고, 좋은 곳에 태어나 예쁜 마음주심에 감사했다. 시험을 앞둔 친구들이 최선을 다해 준비할 수 있도록 도우시

고, 결과에 만족하게 하시고, 우리의 인생 과정 속에 역사하셔서 이 사회와 민족을 위해 쓰임 받는 일꾼들 되게 해달라는 기도를 드렸다. 그중에는 "아멘" 하는 소리도 있다.

후배들 중에서 대표가 일어나서 "선배님들 힘내시고 시험 잘 치르세요"라고 송사를 하고, 선배 대표가 일어나 "동생들아 고맙다" 답사를 한다.

서로가 돌아가면서 음료수를 따라주고 과자를 권한다. 누군가 장난 섞어서 시작한 것이 재미를 더해서 누구라고 할 것 없이 소리소리 질러 익살을 떨고 있다.

"아서라! 누가 들으면 교회에서 욕하는 줄 알겠다."

말리는 것도 잊어버리고 함께 웃었다.

"○○ 형, 엿 먹어! ○○ 언니, 엿 먹어!"

"전도사님도 엿 드세요."

"그래, 니들도 엿 많이 먹어라."

창준 씨의 아픔

지난 봄, 모내기할 때부터 알게 된 청년, 창준 씨!

동네 후배들의 자상한 형, 오빠 노릇을 톡톡히 하고 있다.

구김살 없고 항상 웃는 얼굴에 재주도 많다.

기타를 잘 쳐서 예배드릴 때는 반주까지 하고. 공부에 싫증내는 종보, 호국이, 세영이에게 "니들 전도사님 말씀 잘 듣고 공부 열심히 해야 된다. 나처럼 되지 말고 알았냐?"

호되게 야단을 친다.

"공부 안하면 형처럼 된다고? 그럼 우리 공부 안한다. 그래야 형처럼 기타 잘 치지" 하고 동생들이 능청을 떨면, 언제 야단을 쳤냐는 식으로 금방 얼굴을 풀고 기타를 집어 든다. "그런 의미에서 우리 칠 갑산 뽑아볼까?" 하고는 열심히 콩밭을 맸다.

"콩밭 매는~"

그 창준 씨가 제대 후 부천으로 취직이 되어 잠시 객지 생활을 하다가 다시 고향으로 돌아올 수밖에 없는 일이 생겼다. 아버지가 뇌졸중으로 병원에 입원해 계시다가 끝내 회생하지 못하고 돌아가셨기 때문이다.

이미 뇌사 상태로 인공호흡기로 생명을 연명하던 것을 병원 측에서 아들 손으로 직접 떼어 드리라고 권했다. 며칠을 망설이고 고심하던 창준 씨가 호흡기를 떼자마자 아버지는 숨을 거두었다.

"이 손으로 아버지를 돌아가시게 했어요."

자책하는 창준 씨의 등을 토닥거리며 위로해 주었다.

"이미 아버지는 의학적으로 돌아가신 상태였어요. 의사들도 그렇게 하라고 권유했잖아요. 맘 단단히 먹고 돌아가신 아버지를 생각해서라도 어머니께 더 효도하며 삽시다."

건강하시던 분이 졸지에 변을 당하신 까닭에 창준 씨로서는 어이가 없었다. 영원히 곁에 계셔서 의지가 되고 힘이 되어줄 분을 갑자기 잃었으니 겪는 아픔이 더 클 것이다.

그가 하루는 근심에 쌓인 얼굴로 내게 물었다.

"전도사님, 우리 아버지 천국 가셨을까요? 살아 계실 때 교회 다니지는 않으셨지만 그렇다고 불교 믿은 것도 아니에요. 내가 교회 나가는 것도 반대하지 않으셨는데……."

신앙의 눈을 뜬 청년으로서 당연한 물음이었다. 사실 창준 씨 아버지 같은 경우 동네에서도 인심 좋고 법 없이도 살 양반으로 소문난 분이다. 내가 보기에도 훌륭한 인격을 가진 분이셨다.

그렇다고 하더라도 일단 '사람이 예수님을 믿지 않고 죽으면 구원받을 수 없다'는 게 교리적으로나 신앙 상식으로나 맞는 대답일 것이다. 내가 이해하는 범위 내에선 적어도 그랬다. 가뜩이나 염려스러운 얼굴로 아버지의 구원문제를 물어오는 창준 씨와 얼굴을 맞대고 있는 나로서는 당황스런 순간이었다. 잠시 망설이다가 이 문제는 '그렇다, 아니다'로 답할 게 아니라는 생각이 들었다.

"창준 씨, 구원의 문제는 오직 하나님께 달려 있는 겁니다. '내가 믿는 하나님은 되도록 모든 사람이 구원받기를 바라시는 분'입니다. 주님을 모르던 시대에 살던 사람들의 구원문제를 언급한 성경 구절도 있어요. '알지 못하던 시대에는 하나님이 허물치 아니하신다'(행 17:30)고 말이에요. 사실 오미리에는 예수님을 알지 못하는 사람들이 아주 많아요. 그러면서도 착하게 사는 사람들도 있고요. 아버님도 그렇게 살다 가셨구…… 그러니까 구원의 문제는 하나님께 맡깁시다."

오미리의 크리스마스

아이들과 함께 크리스마스 장식을 했다.

앞산에서 뿌리 채 뽑아온 작은 소나무에 반짝이 치장하고 은종, 금종, 산타 인형을 걸었다.

자기들 신던 양말에다 소원을 담아 교회 벽에 붙여 놓으라 했더니, 제법 신앙등이다운 기도 제목을 썼다.

"우리 아빠 술 안 먹게 해주세요."

"우리 엄마 교회 나오게 해주세요."

재만이의 소원은 "하나님, 우리 엄마 돌아오게 해주세요."

집 나간 엄마를 저 작은 가슴에 늘 담아 두고 있었나 보다.

늦은 시간에 종보 어머니와 은영 어머니의 방문.

두 분의 손에는 화분이 들려 있다.

"이게 꽃인가요? 꽃은 아닌 것 같은데……."

"불로초라고 들어 보셨나요?"

불로초! 생긴 건 꼭 양배추 같은데 닭벼슬처럼 보라색과 노란색 꽃이 피었다.

크리스마스 날 썰렁할 교회 걱정으로 이걸 구해 왔노라고 하신다.

정성과 마음 씀씀이에 있어 우리 교회 크리스마스 장식도 다른 교회에 비해 빠질 이유가 없다.

교회 앞면을 가득 메우고 있는 강대상 위에 양쪽으로 올려진 불로초가 따뜻한 크리스마스를 지피고 있다.

새벽송을 돌았다.

집집마다 풀어 놓은 강아지들도 오늘이 크리스마스이브인 줄 아는지 컹컹거리며 우리를 따라다니며 같이 노래 부른다.

은근히 걱정했는데 이 소란에 단잠 깨웠다고 짜증내는 이 하나 없다.

어느새 준비했는지, 준비하는 걸 어디서 배웠는지, 종합선물에, 사탕에, 과자에, 따뜻한 차에 떡까지 내놓는다.

술에 취해 깊이 잠에 빠져 있던 지현 아버지, 얼떨결에 일어나서 '끙' 하고 기지개 켜더니 구겨진 봉투를 한사코 밀어주신다.

3부

좋은 교회, 나쁜 교회

"그러니까 10월이 되면 전도사님이 거짓말하는지, 저 교회가 거짓말하는지 금방 알게 되겠구먼! 거짓말 안하는 교회가 좋은 교회인 줄 알겠소."

설날맞이 대심방

새해 인사 차 마을을 한 바퀴 돌았다.

처음에는 근처 몇 집만 생각하고 시작한 일을 이 집 가면 저 집이 맘에 걸려서 "한 집만 더!" 하다 보니 아주 싹 돌아 버렸다.

권하는 음식을 거절할 수가 없다.

농촌 인심은 곧 밥상 인심. 먹어 주자! 막 먹자!

잘 먹고 욕 먹는 사람 없더라.

몇 집 돌지 않아 불러오는 배.

모처럼 고향 찾아온 낯선 얼굴들.

"객지 생활 고달픈 몸 푹 쉬어 가세요."

"새해에는 더 건강하시고 오래오래 사십시오."

집집마다 출세한 자식 자랑, 손자 손녀 재롱 가득.

보는 사람도 흐뭇하기만 하다.
"전도사님도 새해에는 장가가시오."
"교회 잘되기 바라나이다."
이름하여 설날맞이 대심방.
배 터지게 뻑적지근하다.

알찬 졸업식

오미초등학교 졸업식!

평소에 수업받던 아담한 교실에 단상이 마련되고 내빈석도 한구석을 차지했다.

졸업하는 학생은 일곱 명.

자신들이 오늘의 주인공이라는 걸 아는지 볼때기가 붉게 물들어 있다.

얼굴 잘 모르는 꽤나 높은 사람들은 없다. 형식적이고 성의 없는 연설로 주객을 바꾸어 놓는 불행은 적어도 이곳에서는 없다. 이장님이 한 아이 한 아이 이름을 불러가며 졸업을 축하하고 노인회 회장님은 격려사를 맡았다. 어눌한 말씨로 "중핵교 가서 오미리를 빛내주길 이 할애비는" 바라신단다.

"오늘 일곱 명이 졸업을 하지만 칠십 명, 아니 칠백 명 졸업하는 학교가 부럽지 않습니다"라며 눈이슬 맺힌 교장 선생님.

장학금과 가지가지 상장을 독차지하는 일도 없다. 들러리 서듯 맨손으로 졸업 식장을 떠나는 일은 절대로 없다. 모두가 장학생이고 모두가 수상자가 되었다.

졸업식 뒤풀이도 몇몇 학부형들과 선생님들만의 자리는 아니다. 마을 부녀회에서 지나가던 나그네까지 불러들여 대접하는 따끈한 육개장.

오며가는 사람들이 졸업하는 아이들 머리 쓰다듬고 한마디씩 덕담을 아끼지 않는다. 이처럼 알차고 부러운 졸업식을 어디서도 본 적이 없다. 이처럼 지루하지 않고 끝까지 아쉬움 없는 졸업식이 또 있을까?

아, 아쉬운 게 있기는 하다.

올 졸업식을 끝으로 오미초등학교는 분교가 된다는 것.

그에 대한 책임이 나에게도 있다고 모두가 손가락질이다.

"전도사님, 빨리 결혼해서 애 좀 많이 낳아요."

"허허허."

한두 명으로는 턱도 없겠다.

소가 없어진 이유

'따르릉! 따르릉!' 아침부터 전화벨이 요란하다.

"여보세요."

"나요! 건너와 식사 좀 하기요."

조윤명 씨다. 막내아들 결혼 턱을 오늘 낼 셈인가 보다. 동네에서 소문난 잉꼬부부. 막내를 끝으로 자녀들을 모두 출가시키고 두 내외 분 참 오순도순 사신다. 결혼 안한 총각 마음에 결혼하고픈 충동을 일으킬 만큼 가정생활의 행복을 말없이 가르쳐 주시는 두 분이다.

그 집 대문 열자마자 왼편으로 작은 외양간이 있다. 몇 마리 키우지 않아 금방 두 마리가 없어진 것을 알 수 있었다.

"소가 줄었네요? 아드님 장가보내느라 파셨어요?"

"아니오, 걘 저가 벌어 갔소."

"그럼?"

"큰놈 학자금이오."

미국에서 공부한다는 큰아들 얘기는 귀에 딱지가 앉도록 들었다. 만날 때마다 같은 자랑을 하시는데 그때마다 처음 듣는 것처럼 대꾸하는 것도 보통 일은 아니다.

자랑스러운 아들 뒷바라지하기 위해 소 두 마리를 하루아침에 팔아 버릴 수 있는 아버지 마음은 충분히 알겠다.

이미 그 아들 뒷바라지하시느라 많은 논밭을 팔아 버린 걸 알고 있는데…… 다만, 밑도 없이 아들 뒤를 밀어주는 것 이상으로 밑도 없이 걸고 있는 아들에 대한 기대가 때로는 걱정이 된다.

"그놈만 돌아오면 고생도 끝나지 않았소?"

큰아들만 돌아오면 모든 고생이 끝날 것이라는 절대적 희망을 조씨 아저씨는 갖고 있다. 잘못하면 그만큼의 절대 절망으로 이어질

수 있는 데도 말이다.

공부를 모두 마치고 한국에 돌아와서도 일단은 자리를 잡아야 하고, 뒷바라지해 주신 부모님 흡족할 만큼의 보은을 위해서는 또 얼마나 시간이 걸려야 하는지 장담할 수 없는 일이다.

아들을 향한 믿음 자체야 순박하기 이를 데 없는 것이지만 오히려 그 순박함 때문에 아들도 부담을 받고 당신께서도 상처받을 수 있는 안타까운 상황이 벌어질 수도 있는 것이다.

가뜩이나 작은 체구에 성한 구석이 없다. 어디라고 할 것 없이 온몸이 갈라지듯 깊게 주름살이 패였다. 오직 하늘만 바라보는 해바라기처럼 아들만 바라보는 아버지의 마음이다.

그 아들 돌아와서 최선을 다해 모신다 해도 이미 가을날 축축 쳐지는 벼이삭처럼 굽은 허리에 병든 육신만 남았다.

자식을 위해, 가족을 위해, 쉬지 않고 흙과 싸우고 땀 흘리며 희생해야 하는 아담의 후예. 하나님 앞에서 에덴의 소망을 바라소서.

어느 무명의 전도자

아차! 꾸물거리다가 일곱 시에 출발하는 시내버스를 놓쳤다.

연회 준회원 자격 심사를 위해 부지런히 원주에 가야 하는데 어쩌지?

다시 교회로 들어갈까 하다가 운동 삼아 한 시간쯤 걷기로 했다.

중간에 만난 버스에는 득한 아버지가 타고 있었다.

이가 아파서 양구 병원에 가신단다.

득한 아버지는 우리 교회 관리부장감이다.

구식이라 수시로 고장나는 교회 펌프를 그때마다 신기하게 고쳐주기도 하고, 교회 보수할 때는 모래와 자갈을 경운기로 운반해 주신다.

방산을 지나서 송현리에 도착했을 때, 버스에 오르면서 득한 아버지 이름을 크게 부르는 사람이 있다. 친구?

수인사 후에 뭐라고 말을 주거니 받거니 한다.

간간히 '교회' 니 '예수' 니 하는 단어가 툭툭 튀어 나온다.

웬일인가 싶어 귀를 쫑긋 세우고 들어 봤더니 친구되는 분이 전도를 하고 있다.

"야! 네 아들 득한이와 성한이를 이 세상에서 누가 제일 사랑하겠냐? 나? 아니지. 바로 아버지인 너 아니겠냐?"

"······."

"예수님이 우리한테는 아버지 같은 분이야. 세상에는 부모 없는 사람도 많고, 어른이 되어도 하는 짓은 어린애들 같은 사람이 어디 한둘이냐고? 득한이, 성한이에게 가장 필요한 사람은 바로 너야. 그것처럼 우리에게 가장 필요한 사람(?)이 바로 예수님이지."

득한 아버지! 아무 대꾸도 하지 않고 끝까지 그 얘기를 듣고 있다. 평소 같으면 듣기 싫은 소리한다고 벌써 소란이 일었을 텐데 말이다.

하긴, 자식들 이름 들먹이며 말하는데 듣기 싫어도 들을 수밖에······.

전도하는 그 열심도 대단하지만 거부감 없도록 상대를 배려하는 지혜도 훌륭했다.

"예수 천당! 불신 지옥!" 하며 일방통행으로 다그치는 전철 안의 자칭 전문 전도자(?) 보다 훨씬 낫다.

평화 뒤엔 이유가…

평화가 있으면 반드시 그 평화를 제공하는 원인이 있을 것이다. 아이들 세계 같으면 주먹 센 놈이 골목을 평정한다. 누군가 그 골목 대장을 꺾기 전에는 시한부지만 평화가 잘 유지되는 것이다. 불만과 굴욕감이 있어도 힘이 없으면 참을 수밖에.

강대국들이 말하는 세계 평화도 따지고 보면 이런 힘의 논리를 깔고 있지 않은가? '내가 핵을 많이 가지고 있으면 상대가 함부로 하지 못할 것이다. 그래서 핵을 많이 만들어야 한다.' 정확히 상대방이 보유한 핵을 알 수 없으니까 대략 어림잡아 그보다 성능 좋은 폭탄과 미사일을 훨씬 많이 가지고 있어야 안심이 된다. 그래서 평화를 유지하려는 노력은 언제나 계속되고 한쪽이 힘을 잃으면 곧 평화는 무너진다.

한마디로 힘으로 유지하는 평화다. 이런 평화에는 문제가 있다.

언젠가는 평화를 위한 비싼 대가를 반드시 치르게 되니까. 전쟁 같은……

평화가 힘에만 의존하고 있다면 세상 살맛이 나지 않을 것이다. 이솝 우화에 나오는 '나그네 옷을 따뜻한 입김으로 벗겨주는 해님'이 주는 평화가 진짜 살맛나게 하는 평화다. 간디와 슈바이처 같은 위인들이 보여 준 사랑의 힘으로 얻는 평화가 진짜 평화다. '오른뺨을 때리는 사람에게 왼뺨까지 대고, 속옷을 달라는 사람에게 겉옷까지 내어주는' 남 보기에 쓸개 없고 맘 좋은 바보들이 만들어가는 평화를 주님도 그렇게 원하셨으니까.

오미리 김 씨 할아버지에게는 부인이 둘 있다. 첫째 부인은 불임이라 아이를 낳을 수 없었다고 한다. 그 당시에는 둘째 부인을 얻어도 흉이 되지 않았겠지. 그래서 둘째 부인을 얻었다.

그렇게 들어온 둘째 부인은 자신에게 부여된 사명을 완수했다. 보란듯이 일남 삼녀를 줄줄이 낳았다.

상황이 이 정도까지 되면 그 집에 관한 뒷 얘기는 안 들어도 뻔하다. 둘째 부인이 정부인이 되고 정부인은 소박을 맞고.

사람의 욕심이란 게 끝이 없어서 성경에 나오는 아브라함 가족의 불화도 첩 하갈이 아들을 낳자 본처 사라에게 유세부리다가 시작되지 않았던가?

그런데 이 집 얘기는 그렇게 불행하게 전개되지 않았다. 둘째 부인 마음 씀씀이가 범상치 않아 가뜩이나 서럽고 기죽어 살게 된 첫째 부인을 친언니처럼 공양한다고 한다.

　아이들이 자라서 학교에 가고 올 때면, 항상 큰어머니께 먼저 가서 인사를 여쭙게 하고, 더 장성해서 객지로 나갔다 명절 맞아 집에 올 때면, 큰어머니 선물을 먼저 확인했다. 매사에 순서를 확실히 두고 사소한 것 하나하나 섬기는 삶을 살았다고 한다.

　까딱 잘못했으면 원수까지는 안가더라도 앙숙으로 끝났어야 할 두 사람의 관계는 어머니처럼 형님을 떠받드는 동생의 배려 덕분에 지금도 오미리에서 가장 평화스럽고 화목한 가정이 될 수 있었다.

　하나님께서 창세로부터 보이지 않는 신성을 만물에게 나누어 주셨다더니(롬 1:20) 정말 그런가 보다.

　가는 곳마다 평화는커녕 항상 불화만을 만들어 내는 사이비 신앙인보다야 백배는 나은 '익명(匿名)의 그리스도인'이다.

예수 귀신(?)

세영이가 그렇게 열심히 다니던 교회를 빠진지도 꽤 오래되었다. 가끔 전화로 한다는 말이 "전도사님, 죄송해요. 집에서 금족령이 내렸어요."

아마도 밤낮 싸돌아다니는 아들을 혼내 주려는 뜻에서 그런 조치를 취한 것 같다. 내 경우에도 세영이 만한 나이에 놀기만 하고 공부를 등한시하다가 아버지께 혼쭐난 적이 있어서 그렇게 쉽게 생각했다.

세영이 부모님과는 친분이 있어서 언젠가 찾아뵙고 "저 나이에는 다 그럴 수 있으니 이제 그만 금족령을 풀어 주시지요"라고 할 참이었다.

그런데 오늘에야 비로소 세영이가 금족령을 받은 진짜 이유를 알게 되었다. 하루는 엄마가 이렇게 묻더란다.

"너 교회가면 공부만 하니? 기도하고 예배도 드리지?"

"……."

세영이가 교회만 가는 날이면 어김없이 그날 저녁에 뒤숭숭한 상태가 되고 꿈자리가 사나워 잠을 이루지 못한다는 것. 머리가 아프고 두통이 심해서 베개를 이쪽저쪽으로 돌려보고 머리를 아예 바꿔도 보고…… 그러나 온통 잡스런 생각 때문에 잠을 이루지 못해서 이래선 안 되겠다 싶어서 아들을 교회에 나가지 못하도록 엄명을 내렸다는 것이다. 일이 이 지경이 되었으니 부모님 만나 잘 얘기해 보겠다는 생각은 '잠시 대기중'이 되었다.

이 마을에서는 귀신이 무서운 대상으로 실제 존재하고 있다. 예를 들어 지금까지 믿던 신을 버리고 다른 종교를 가지거나 다른 신을 믿게 되면 끝까지 따라다니며 괴롭히고 복수한다는 식으로 말이다. 언젠가 이런 질문을 받은 적이 있다.

"귀신 중에 제일 독한 귀신이 예수 귀신이라면서요?"

순간 머리가 쭈뼛 서는 느낌을 받았지만(이런 경우에는 뭐라고 해야 할지 참 난감하다. 강시가 나오는 중국 영화 같은 얘기를 하염없이 주고받을 수도 없고 말이다), 우스갯소리로 대답해 버리고 말았다.

"그럼요, 굿하던 무당도 예수쟁이가 나타나면 그만 기가 팍 죽지요."

"허! 허!"

그쪽에선 자못 심각하게 받아들인다. 그 사람 말대로 "귀신 중에 제일 무서운 귀신이 예수 귀신이니 교회 나오시오"라고 말하면 오히려 쉽게 전도될 것도 같았다.

하지만 그럴 수 있나? 가뜩이나 귀신과 관계된 이상한 주장들 때문에 건강하게 신앙생활하던 사람들도 딴 길로 빠져서 헤매는 일이 비일비재하다고 들었는데.

그런 주장을 하는 사람들이나, 여기 사는 사람들이나 같은 점이 있다면, 예수님과 귀신을 같은 수준으로 생각한다는 것. 다른 건 몰라도 영적인 문제에 관해서는 줏대 있고 담대한 입장을 분명히 가지고 있어야 될 듯하다. 이곳 오미리에서 예수님과 교회를 알리는 일은 백짓장에 그림을 그리는 것과 같은 작업이다. 처음부터 잘못되면 안 되지.

"귀신은 사람을 괴롭히지만 예수님은 사람에게 복 주시는 분입니다. 그러니 귀신과 예수님과는 원래가 다른 거죠. 사람하고 맞먹는 게 귀신이지 예수님과는 하늘과 땅이에요. 애초부터 상대가 안 됩니다. 예수님만 믿으면 아무리 약한 사람도 강해지고 괴롭히던 귀신도 예수님 때문에 꼼짝 못하지요."

부천에 사시는 김 목사님께서 일전에 이곳을 다녀가시면서 "여기는 마치 영적 전쟁터 같네. 김 전도사, 힘에 부칠 때마다 기도 많이 해요"라고 충고하신 적이 있다.

햇병아리 목회자가 자기 한계를 체험할 때가 바로 이런 문제들을 만날 때가 아닌가 싶다. 무기도 없이 전쟁터에 나간 군인 꼴이 된 내 자신을 탓한 적도 많았고.

해병들도 귀신을 잡는다고 하는데 목회자가 해병보다 못해서야 되겠는가!

건축 일기

마을회관 옆 멋없이 덩치 큰 건물 하나, 여울이네가 운영하던 방 앗간이다.

옆 마을에 시설 좋은 방앗간이 생겨서 적자생존의 아픔을 담고 가동 중단.

차분하고 얌전한 여울 아버지 이제 본격적으로 농사지을 모양이다. 방앗간 처분하고 남밭으로 가서 특용 작물 재배하고, 뻑실나게 소 키우겠단다.

싼 값에 교회 터로 계약했다.

사람들에게 유익했던 방앗간 자리에 교회가 들어서게 되었다.

이 땅의 곡식을 정미하던 곳에서 하늘의 만나를 정미하게 되었다.

우선 이 건물부터 헐어야 할 텐데……

도와줄 사람은 눈 씻고 찾아봐도 없다.

어디서부터 손을 대야 하나! 걱정이 태산이다.

때맞춰 합력의 손길을 보내주신 주님 덕분에 살았다.

"전도사님, 저거 내일이라도 당장 헐어냅시다. 내 도와줄 테니 대신 나무는 내게 주쇼."

여울이네 맞은편에 사시는 최 이장님의 구원의 소리.

하긴 서까래는 든든한 재목으로 쓸만하고 잔 나무들은 소죽 끓이는데 쓸모 있는 불쏘시개다.

"어이, 전도사님! 내 포클레인 기사 소개시켜 줄까요?"

현용 아버지 덕분에 공사 대금은 아무 때나 달라는 맘씨 좋은 기사분도 만날 수 있었다.

구리시에 있는 교문교회 최 목사님의 전화, 조립식 자재비를 대주고 건축업자까지 소개시켜 주겠노라고 약속하셨다.

교회 재정에서 반, 나머지는 청장년회에서 모금하기로 했다는 것.

예전에 그 청장년회 회원인 서 집사님 댁을 방문한 적이 있다.

세 평 정도 되는 작은 공간에 발 디딜 틈도 없이 기계 부속품들이 나뒹굴고 기름때 묻은 얼굴에 온통 먼지를 뒤집어 쓴 서 집사님!

하얀 이빨만 보이는 웃는 얼굴로 넉넉한 소리다.

"전도사님, 아무 걱정 마세요. 우리 기도가 헛되지 않을 겁니다."

하나 같이 넉넉하지 못한 청장년들.

어려운 형편에서도 농촌 교회를 위해 목돈을 선뜻 모아주는 그 사랑은 평생 짊어질 빚으로 남아 있다.

　신학교 동기인 신호가 짐 싸들고 왔다.

　"상혁아, 너 도우라고 내 휴학했나 보다."

　가정 형편이 어려운 신호는 워낙 독립심 강한 친구라 학비가 없으면 제 손으로 벌든가 아니면 휴학을 했다.

　덕분에 지금까지 안 해본 일이 없을 정도로 다양한 경력을 소유하게 되었고, 구두닦이, 포장마차, 그리고 속칭 노가다라 부르는 막노동까지…….

　심지어 군 제대하고 학비를 벌 요량으로 광산에서 몇 달 보낸 경험도 있다.

　복학 문제로 학교에 와서 기숙사 입사 추첨을 한 적이 있다.

그때 큰 소동이 있었다.

광산 일을 그만두기 며칠 전 갱에서 떨어진 석탄 조각에 눈을 맞아 시퍼런 멍이 든 채 학교에 나타났는데, 이 친구를 잘 모르는 후배들이 함께 방을 쓰게 될 선배를 보고는 살벌하고 무서워서 퇴실하겠다고 야단법석이 난 것.

겁먹은 후배들 달래고 설득하느라 땀 좀 흘렸다.

방앗간 터는 물이 많은 자리라 콘크리트 기초를 두텁게 해야 했다.

일 미터 이상 기소를 하고 레미콘 두 대를 쏟아 붓는 바닥 공사에 힘을 빌려준 이들은 마을 청장년들이다.

바쁜 농사철임에도 불구하고 말이다.

레미콘에서 부어대는 시멘트를 수평 잡아 써레질하는 등 궂은일을 며칠 동안 자원하여 도와주었다.

"이 은혜를 어떻게 갚아야 합니까" 했더니 "교회 다 짓고 나서 마을 잔치합시다" 한다.

드디어 건축 자재를 실은 차가 도착했다.

오전에 도착해서 바로 공사가 시작되었는데 하루해가 다 가기 전에 벌써 겉 벽이 섰다.

설계 도면대로 재단 된 판넬과 철골들이 능숙한 일꾼들 손놀림 한 번에 착착 건물을 만들어낸다.

건축 준비로 이리저리 뛰어다니고 기초공사 끝내고 며칠 동안 굳힌 그 공을 생각하면 차라리 허무하기까지 하다.

단 일주일 만에 예배당과 주택이 완벽하게 완성.

조윤명 씨의 큰 사위되는 혜진 아버지, 옛날에는 솜씨 좋은 목수였다고 한다.

늦게 시작한 신앙에 불이 붙어 지금은 신학 수업 중이다.

"참 반갑습니다. 오미리에 교회가 세워질 줄은 꿈에도 몰랐는데, 제가 뭐 도울 일이 없을까요?" 하고는 대답을 기다리는 대신 여기저기 두리번거린다.

"아! 제가 할 일이 있네요" 하며 제단을 가리키는 게 아닌가?

그러잖아도 한 가지 남은 걱정이 제단 꾸미기였는데 하나님의 인도하심을 뼈저리게 체험하는 순간이었다.

입당 예배를 드리는 날!

멀리서 달려와 축가를 불러준 동기들, 지방 내 목사님들, 가족 친
지들.

그러나 무엇보다도 기쁜 축하는 마을 사람들에게서 받은 것.

이 동네 생긴 이래 이렇게 많은 차가 들어온 적이 없다며 "전도사
님 덕분에 우리 마을 유명해졌다"고 마냥 좋아들 하신다.

"하나님 믿는 교회가 쎄긴 쎄구만" 하는 소리가 우렁찬 하루였다.

좋은 교회, 나쁜 교회

오미리에는 우리 교회 말고도 교회가 또 하나 있다. 시내버스가 다니는 큰 길에서 바로 보이는 교회다. 일 년 전쯤인가 양구 시내에서 신앙생활하던 사람들이 '곧 오실 주님'을 맞이하기 위해 종말 교회를 여기에다 세웠다.

제법 그럴듯한 종탑까지 세워 놓았지만 이 교회를 바라보는 마을 사람들의 시선이 곱지는 않다. 낯선 사람들이 밤마다 모여 박수치며 큰 소리로 울부짖는 모습이 믿음 없는 눈에도 정상은 아니라는 듯 손가락질하기 일쑤였다.

지금이 1992년 7월이니 그들이 기다리는 지구 최후의 날이 이제 몇 달 남지 않은 셈이다.

일종의 위기 의식 때문이었을까? 아니면 한 영혼이라도 더 회개시켜 구원의 방주에 합승시키려는 사명감에서 그랬을까? 누군가가 전도하느라고 "세상 끝 날이 다가오고 있으니 살고 싶으면 농사일 다 접고 이 교회로 나오시오"라고 한마디 한 것이 화근이 되어 동네 인심이 흉흉해졌다.

"아니! 뭐 저런 사람들이 다 있어? 농사고 뭐고 다 때려치우라면 우리보고 죽으란 얘기야?"

"별 미친 소릴 다하고 자빠졌네. 이참에 아주 쫓아 버리자구!"

폭탄의 뇌관을 건들인 양 그동안 누르고 참았던 불편한 심기가 한 번에 터져 버렸다. 누구라고 할 것도 없이 돌아가며 맘속에 담아 두 었던 교회에 대한 욕을 한바탕 뱉어냈다.

"전도사님은 어떻게 생각하쇼? 정말 끝 날이 있겠소?"

마음 한편에는 세상 끝 날이 온다는 말이 영 걸리는 모양이다. 어 쨌거나 교회에서 그런 말이 나왔으니 교회 전도사가 이 문제를 속 시원히 풀어달라는 눈치들이다.

"그럼요. 끝 날이 있고말고요."

순간 '너도 한패구나' 하는 경계의 눈빛들.

"하지만 그런 날이 언제인지는 아무도 모르죠. 그날과 그때는 아 무도 모른다고 예수님이 말씀하셨거든요(마 24:36). 저야 예수님 말씀 을 최고로 믿으니까 그런 줄 압니다."

"그럼, 올 10월에 세상 끝난다는 말은 어디서 나온 거요?"

"그건 저도 모르지요. 아무튼 언젠가는 끝 날이 있을 테니 하루하 루 열심히 살자는 게 우리의 신앙이랍니다."

이때 지현 아버지가 기막힌 제안을 했다.

"그러니까 10월이 되면 전도사님이 거짓말하는지, 저 교회가 거짓말하는지 금방 알게 되겠구먼. 거짓말 안하는 교회가 좋은 교회인 줄 알겠소."

우리 아이들이 좋아졌어요

양구 시내에서 수퍼마켓하는 ○ 집사님!

갖가지 과자에 음료수 한 박스를 두둑하게 보내오셨다.

종이컵도 함께.

"오미교회는 아이들이 기둥이다"라는 소문을 듣고 가뜩이나 살림 궁한 교회 간식비라도 덜어 줄 생각으로 앞으로도 계속 보내신단다.

그래, 자신 있게 내세울 수 있는 자랑거리.

학교보다 많은 교회 아이들이다.

유치부 아이들까지 하면 당연히 많을 수밖에.

요구르트와 초코파이!

매주 똑같은 간식에 식상했나?

달라지고 푸짐해진 간식에 아이들 신이 났다.

눈치 보며 찔끔찔끔 먹던 것을 한 녀석이 두 손으로 움켜쥐니까 너도 나도 '왕' 하고 달려들어 깔아 놓은 신문지가 다 찢어져 나가고 늦은 놈은 맵지도 않은 양파깡에 눈물을 짠다.

애끼 놈들! 간식이 우선이냐? 예배가 우선이지.

토종벌 이야기

경자 아버지가 한참 동안 웅크린 채 꼼짝도 않고 있다. 어디가 아
프신가 걱정이 되어서 가까이 가 보았더니 통나무로 만든 토봉을 유심
히 바라보고 있다. 주위에는 벌들이 윙윙거리며 수없이 날아다녀서
순간 위험을 느꼈다.

얼른 한걸음 물러나서 "아니, 왜 이러고 계세요? 혹시 벌에 쏘인
것 아니세요?" 하자 모르면 가만히 있으라는 듯 멀쭉히 쳐다보더니
"이 벌은 주인 안 쏩니다" 하신다.

"아니, 벌도 개처럼 주인을 알아보나 보죠? 거 신기한데요?"

"어디 벌 얘기 좀 들어 보겠소?" 하며 벌 얘기를 들려주시는데 믿
기지 않을 만큼 신기한 벌들의 생활이다.

벌 사회에서는 철저하게 역할 분담이 있다고 한다. 주로 여왕벌을
중심으로 한 집단을 형성하는데 그 여왕벌을 주위에서 맴돌며 호위

하는 벌이 있고, 열심히 꿀을 따오는 일벌, 그리고 벌들이 드나드는 문 앞에서 잡벌과 다른 벌레를 막아주는 보초벌들이 있다.

"이것 좀 봐요" 하며 손가락으로 가리키는 곳을 자세히 보니 문 양쪽에서 마치 검문하듯 지키고 서 있는 벌들이 진짜로 있다.

"만약에 말벌, 땡비가 나타나면 요 녀석들이 위험 신호를 보내서 한꺼번에 공격하는데 붙었다 하면 지들 죽는 줄 모르고 싸워요."

일벌들이 일하는 모양은 그렇게 부지런 할 수 없단다. 꽃이 피는 계절이 되면 해뜨기 전 이른 아침부터 어두워질 때까지 쉬지 않고 일을 하는데 웬만한 소낙비가 오기 전에는 쉬는 날이 거의 없다.

더욱 놀라운 것은 벌 치는 주인집에 변고가 있으면 반드시 벌들에게도 이상 징후가 생긴다는 것. 예를 들어 주인집 아들이 타향에서 살다가 죄를 지어 옥살이를 하게 되면 미련 두지 않고 그 많은 벌들

이 한꺼번에 어디론가 사라진다는 것이다. 믿지 못하겠다는 내 표정을 읽었는지 실제로 그런 일들이 많았다고 증거까지 대신다.

"벌이 사람보다 나을 때가 많지요."

따지고 보면, 자기 자리를 제대로 안 지키는 데서 사회적 혼란이 생기는 것 아닌가! 남의 자리 넘보지 않고 묵묵히 내 자리에서 자기 몫의 일에 충실하면 그만이다.

정치인은 정치인으로, 경제인은 경제인으로, 종교인은 종교인으로 제 위치와 제 분수를 아는 것! 벌이 가르쳐 주는 교훈이다.

황소가 준 기쁨

종보네 집 앞이 하루 종일 들쑤석거렸다.

종보 아버지는 축하인사 받기에 바쁘고, 오가는 손님에게 술 권하기 바쁘다.

새끼를 낳으려는지 '음머어, 음머어' 하는 암소를 내버려두고 두 내외는 논밭에 나가 있었다. 밀렸던 일 때문이었을 거다. 부랴부랴 오전 일 마치고 집에 와보니 웬걸, 제 혼자 예쁜 황송아지를 낳았다.

목돈 구경하기 힘든 농촌에서 제일 가는 재산은 역시 소다. 전문적인 축산이 아닌 다음에야 고기소로는 한우가 최고고, 젖소는 암소가 값이 더 나가지만 한우는 수소가 배나 비싸다고 한다. 그래서 같은 송아지를 낳아도 이왕이면 '고추 달고 나오라고' 애타게 기다린다. 딸 많은 집에 잔뜩 아들 바라다가 '또 딸이야!' 하듯이 황소가 아

니라 암소가 나오면 이왕 나온 송아지이고 욕본 어미 소인데도 불구하고 기대를 저버렸다는 듯 괄시가 심하다.

오늘 종보네 암소는 튼튼한 황송아지를 낳았다. 그것도 한 마리가 아닌 쌍둥이로 낳아 버렸으니 말 그대로 일냈다.

이 기특한 주인공을 보려고 면장도 다녀갔으니까.

"아무래도 소 새끼가 눈에 밟혀 일이 손에 안 잡히더라고. 마누라 다그쳐 집에 와보니 벌써 나왔어. 지 에미 꽁무니에서 꿈틀거리는 거야. 하나 낳은 줄 알았지. (잠시 무게를 잡더니) 근데 어라? 저쪽 똥무더기 속에 쳐박혀 있는 놈이 하나 더 있더라고."

어미 젖 서로 먹으려고 바둥대는 새끼를 바라보며 연실 벌어지는 입이 끝끝내 다물어지지 않는다.

송아지 얻기 위해 들인 수고와 공은 뒷전으로 사라지고 마냥 웃음 꽃이 피었다.

서러운 자식 사랑

일본 어디에서는 3대를 이어서 튀김 가게를 하는 가문이 있다고 한다. 자신이 하는 일에 보람과 긍지를 갖고 박사 학위까지 받은 자식에게 가업을 물려 주는 아버지도 훌륭하고, 구닥다리 같은 지저분한 일 마다 않고 물려 받은 자식들도 훌륭하다.

우리 농촌에서는 꿈도 꾸지 못할 일이다.

직업에 귀천이 없다는 것은 이론뿐이요, 몸 써가며 힘들게 일하는 사람들 모두가 꿈꾸는 소원이 있다면 손쉽게 돈버는 것이 아닐는지.

오미리에서도 일종의 신분상승 같은 욕심을 부모들은 꿈꾸고 있다. '나는 못 배우고 부모 잘못 만나 이런 꼴로 살지만 자식에게는 이런 일 물려주지 않으련다' 하는 결심이 대단하다.

언젠가 성길 아버지 털어 놓는 탄식 소리.

"쌀 한 공기가 이백 원짜리 라면보다 싼 세상이니 이거 농사짓겠소?"

춘천 등지에서 공부하다 가끔 집에 와 있는 자식들에게 농사일을 시키지 않으려는 모습이 역력하다. 부모님이 논에서 애쓰는 모습이 안쓰러워 조금이라도 거들기라도 하면 되레 야단을 친다.

"언제 니들더러 이런 일 하라 했냐? 썩 들어가."

하루 종일 뿌려대는 농약 기운으로 비틀거리고 반 정신이 나가도 자식들에겐 정신 차려 공부하라고 성화다. 농사일로 얻은 신경통 때문에 뼈마디가 쑤셔 하루에도 수십 알씩 진통제를 입에 넣으면서도 아이들 입에는 맛난 고기 반찬뿐이다.

해마다 늘어나는 빚을 줄여보려고 무리하게 투자하고 뛰어보지만 물가를 따라잡을 수 없고, 학비를 낼 줄 수 없어, 또 농협에서 학자금 대출을 받는다. 그래도 자식들에겐 걱정 말고 공부만 잘 하라고 용돈을 넉넉히 보낸다.

대물림은 고사하고 이러다간 농촌엔 흰머리에 꼬부랑 할아버지 할머니만 남겠다.

'농자천하지대본(農者天下之大本)'이 아니라 '농자천하지대한(農者天下之大恨)'이다.

병 고치는 은사

신학교 다니던 때였다. 개교기념일 축제였었나? 학생회 주관으로 '선후배가 만나는 프로그램'이 마련되었다. 주로 농촌이나 산골 같은 어려운 곳에서 목회하시는 선배들을 초청해서 그분들의 생생한 목회체험을 들어보자는 취지였던 것 같다.

오래전 일이라 이름과 얼굴은 기억나지 않지만 당시 열정적으로 농촌 목회하던 어떤 선배님이 이런 고백을 했다.

"하나님께 치유 은사를 달라고 기도한 적이 한두 번이 아닙니다. 직접 농사도 지어 보고, 마을 주민들과 협력해서 잘사는 농촌 만들기 운동도 하고, 도시 교회와 결연을 맺어 직거래도 하고, 또 농촌봉사활동을 유치해 보기도 하지만 그것이 최고의 전도 방법은 아니었습니다. 마을 사람들과 좋은 사이가 되면 금방 예배당이 꽉 찰 것 같았는데 그게 아니더라고요. 어느 교회에서는 목사님이 환자 머리 위에 손을 얹고 안수 기도하면 그 즉시로 병이 치유된다고 합니다. 그런 교회는 꽉꽉 들어차지요. 숫자에 시험 들지 않으려고 하지만 그게 쉬운 일인가요. 오죽 답답하면 그런 기도가 나오라고요."

그 말을 듣고 모두가 크게 웃었다. 나 역시 별 생각없이 웃었고 한 귀로 흘려 버렸다. 지금에 와서 생각하니 정말 웃을 일이 아니었는데도 말이다.

내가 농촌 교회를 섬기면서 똑같은 입장이 되어 보니 그 당시 그 선배님의 심정이 조금이나마 이해가 간다.

오미리에서 내가 할 일은 우선 마을 사람들과 가까워지는 거였다. 복음의 '복' 자도 모르는 마을이라 전도를 하려 해도 일단은 '인간적인 친밀감'이 필요했다.

그런 식으로 이 년을 보냈다. 그런데 시간이 갈수록 '이게 아니다' 싶은 거다. 애초부터 전도 목적으로 마을 사람들을 상대한 나. 인간적으로는 부담없이 만나다가도 신앙 얘기만 나오면 금방 낯빛을 바꾸어 버리는 사람들. 둘 사이에는 좁혀지지 않는 거리가 분명 있었다. 설사 이곳에서 뼈를 묻는다 해도 이런 종교적 거리감은 도저히 없어지지 않을 듯하다.

방법이 있긴 하다.

내가 전도를 포기하고 평범한 시골 총각으로 살든가, 아니면 마을 분들이 교인이 되던가! 하지만 하나마나한 말이다. 내가 목회를 그만두는 것 만큼이나 마을 사람들이 교인되는 일도 어려운 일이니까.

누군가 교인 수가 얼마나 되냐고 묻거나, 목회 성과에 대해 궁금

해 할 때마다 쥐구멍이라도 찾고 싶은 심정이다.

내가 믿는 주님은 '눈에 보이는 숫자'나 '드러난 열매'보다는 그 과정을 중히 여기시는 걸 알면서도 정작 본심은 숫자나 열매를 탐하고 있는 것을 어찌하랴.

그럴 때마다 차라리 눈에 보이는 기적(병 고치는) 같은 뚜렷한 증거를 앞세워 교회를 성장시키고 싶은 욕구가 마구 솟아난다.

양○○ 씨! 나와 동갑내기로 동두천 근방에서 직장생활을 하다가 얼마 전에 고향으로 내려왔다. 무거운 짐을 나르다가 허리를 다친 모양이다. 그 정도가 심한지 걸을 때마다 절뚝거렸다. 어느 날 저녁 시간에 그가 교회로 찾아왔다.

"전도사님, 교회 나가면 내 허리 고쳐줍니까?"

물론 목회자로서 당연히 해야 할 대답을 해주었다.

"먼저 믿음이 필요합니다. 예수님을 믿는 믿음이 있어야 병도 고칠 수 있지요."

"……."

양 씨 눈초리를 보니 아무래도 '예수님을 믿어야 하는 일'이 여간 귀찮게 들리는 모양이다.

그런 거 없이 어떤 마술적인 힘이라도 좋으니 '먼저 고쳐주지' 하는 것 같았다. 뭔가 보여 줘야 믿을 게 아니냐는 것이겠지.

믿고 기도하자는 내 권유가 영험없는 무당의 말처럼 들렸는지 양씨는 시큰둥해서 돌아갔다. 붙잡아 꿇어 앉혀 놓고 "무조건 믿습니다" 하던가 "병마야, 물러가라!" 하는 건 차라리 쉬운 일이겠다. 하지만 엄연한 순서가 있는 법. 믿음없이 행하는 기적은 마술이나 마법에 지나지 않을 것이다.

믿음없이 이루어지는 기적이 있다면 그것처럼 큰일이 또 있을까. 도깨비 방망이처럼 두드리는 대로 원하는 걸 다 얻고 평생 무병장수한다면 통제되지 않는 사람의 욕심이니 그 결과는 뻔하다.

느릿느릿 돌아가도 주님께서 원하는 길 가는 게 목회자로서 마땅히 가져야 할 도리일 것이다. 내 욕심에 지레 조바심이 나서 '값싼 물건 시장에서 떨이하듯' 복음을 내다 파는 것은 어리석은 일이니까.

"이 기적이 너를 믿게 하리라"가 아니라 "네 믿음이 너를 구원하리라"다.

도전! 침술사

대학원 때문에 서울 갔다가 조금 늦은 수요일. 다행히 예배 시간에 맞추어 오미리까지 달려준 시내버스에 감사하면서 부리나케 교회를 향해 뛰어가고 있었다.

저 멀리 부부로 보이는 두 분이 걸어오고 있다. 낯선 얼굴이다. 점점 거리가 가까워지고 마주 지나치려는 순간 옆구리에 끼고 있는 성경책이 보였다.

"혹시…… 교회에 오신 분들인가요?"

"네."

"제가 이 교회 전도사입니다. 대학원 갔다오느라 좀 늦었습니다. 우선 들어가시죠."

예배를 마치고 어디 사는 누구인지, 어떻게 이 교회에 오시게 되었는지를 물었다. 방산초등학교 교무주임인 김윤묵 선생님이라고

소개를 했다.

가까운 친구가 변을 당해 장례식에 갔다가 그날 밤부터 이유 없는 신경통을 앓게 되었다고. 무당을 데려다가 굿도 해보고 절에 가서 불공도 드려 보았단다. 병원에서는 원인 규명도 못하고……

물에 빠진 사람 지푸라기라도 잡는다는 심정으로 이제는 교회 다니기로 했다는 것. 우연히 오미리에 있는 우리 교회 이야기를 동료 선생님께 전해 들었고, 차일피일 미루다가 오늘에야 마음이 동해 찾아오게 되었다는 것이다.

우리 교회를 소개했다던 그 선생님은 '아이들만 있는 어려운 교회 이니 신앙생활하시려면 어려운 교회도 도울 겸 오미교회를 다녀 보 시죠' 하는 뜻이었을 거다. 그러나 김윤묵 선생님은 달리 받아들인 것 같다. '소문난 만큼 뭔가 특별한 능력이 있는 교회겠지' 라고 기대하는 모양. 마치 의사를 앞에 두고 '저분이 내 병을 고쳐주실 거야'하는 표정이다.

다행히 교회에 발을 들여 놓기로 작정한 두 분은 이것저것 따지지 않고 신앙생활을 하려고 무던히 애썼다.

자신들이 생각했던 능력 있어 보이는 '수염 난 도사'가 아니라 앳된 얼굴의 아들 같은 전도사인데도 불구하고 실망하지 않고 어린아이 같은 순수한 마음으로 믿음을 키워 나갔다.

몸에 배지 않아 어려웠을 텐데도 춘천에 있는 본가에 갈 때를 제외하곤 열심히 예배에 참석했다.

전에는 푸닥거리하고 우상에 절하던 열심이 하나님을 의지하는 열심으로 변하여 차곡차곡 신앙을 깨우쳐 가는 것을 보면서 오히려 내 쪽에서 감사한 마음이 생기기도 했다.

가뜩이나 없는 교회에 든든한 교인이 생겼으니 얼마나 좋았겠는가! 이왕 오신 분들이니 이 교회에 꼭 붙들어 놓아야겠다는 인간적인 욕심이 나도 모르게 생겼다. 욕심이 잉태한즉 죄를 낳듯이 마음에 엉뚱한 계획을 품게 되었다.

침.

황○○ 씨가 지은 침에 관한 책을 교재 삼아 본격적으로 침을 배워 시술까지 해보자고 마음먹은 것이다. '김 선생님이 신경통으로 고생하는 것도 다 피가 원활히 돌지 못하고 기(氣)가 막혔기 때문일 거야. 그 정도는 침으로 얼마든지 고칠 수 있겠는 걸' 하는 어쭙잖은 확신도 생겼다.

침통 세트에 침을 잔뜩 채운 다음, 감각을 익힌답시고 세숫대야에 물을 가득 붓고 사과와 오이 등을 띄워 놓았다. 침 잡은 손으로 사과를 찔러서 물이 넘치지 않게 하는 연습을 했다.

그렇게 며칠을 했을까? 침 시술하는 것이 물론 쉬운 일은 아니었지만 그보다는 교재를 쓴 황○○ 씨의 말에 자극받아 이 일을 그만두게 되었다.

"병을 치료한다는 것은 침을 놓는 기술이나 침 자리를 잘 선택하는 데 있지 않고 기(氣)를 보내는 마음이며 정성입니다."

침 놓을 때 가장 중요한 것은 기술이 아니라, 환자를 대하는 시술자의 마음에 있다는 그 말!

하나님이 생기를 불어넣어 생명을 주셨으니 침도 침이지만 목회자는 목회자답게 환자를 긍휼히 여기는 그리스도의 사랑으로 기도할 일이다. 욕심으로 말미암아 제정신 못 차리고 목회의 대사(大事)를 그르칠 뻔했다.

대야에 동동 뜬 침 맞은 사과를 집어 들었다. 한 입 깨물어 먹으면서 웃는 소리.

"먹고 힘내서 기도하자고, 이게 목회자의 할 일!"

오만 원에 얻은 색시

결혼 전, 처가에 선을 뵈러 간 적이 있다. 장인 되실 분은 평생을 공직에 계시면서 자수성가하신 분이라 엄하고 무섭고 매사에 빈틈이 없다는 정보를 미리 입수했다.

차라리 신앙생활을 제대로 하시는 분 같으면 목회자 사위 보는 것을 사명으로 이해할 수도 있으련만. 그런 걸 바랄 상황도 아니라고 들었다. 그분의 따님에게서……

도대체 눈 씻고 찾아봐도 내세울 것 하나 없는 내 처지를 생각하니 한심 무쌍하고 합격이 불가능한 시험에 대책없이 뛰어든 수험생 같은 느낌이었다.

장래 이 집 사위될지도 모르는 상대가 온다는 소문을 듣고 득달같이 달려온 집안 어른들의 호기심 어린 눈초리 폭격을 고스란히 받아

가며 엄숙한 인터뷰는 진행되고 있었다.

"고향이 어디냐, 아버님은 뭐하시냐, 직업이 뭐냐, 그 일이 뭐하는 거냐" 등등 퍼부어 대시더니 결정타를 날리신다.

"한 달 월급이 얼마야? 내 딸 데려가면 먹여 살릴 수는 있는가?"

"……."

"대답해 봐."

"…제 월급은 오만 원입니다."

"오, 오만 원! 오십만 원도 아니고 오만 원이라고?"

단돈 오만 원으로 사는 주제에 감히 내 귀한 딸을 데려가려 하느냐 야단치듯 어이없는 표정을 감추지 못하셨다.

"아버님은 잘 모르시겠지만 저희가 사는 방식은 좀 특별합니다. 목회자들은 돈 벌기를 포기한 사람들입니다. 저희는 권력이나 명예를 원하지도 않습니다. 다만 주님의 뜻대로 살려고 노력할 뿐입니다. 그러면 하나님께서 다 먹이시고 입혀주십니다."

"……."

"전 그걸 분명히 체험했습니다."

그리고는 미리 준비한 옛 교회 사진과 건축한 교회 사진을 꺼냈다.

"이 집이 제가 전에 살던 곳이고요. 지금은 이런 집에서 살고 있습니다. 총 공사비가 약 이천만 원 들었는데 제가 정말 빈털터리라면 이렇게 집을 지을 수 없었을 겁니다. 하나님이 함께하시기 때문에 빈털터리가 절대 아닙니다. 믿으시고 따님을 주십시오."

"……."

무식하면 용감하기라도 해라(?) 오만 원이 아니라 오십만 원쯤으로 적당히 말씀드렸다면 마음에 찔려서라도 당당한 모습을 잃었을 거다. 눈 딱 감고 있는 그대로의 모습을 정직하게 말씀드렸던 것이 큰 점수를 땄나 보다.

결과는 수석 합격! (혼자 치른 시험이지만 등수를 따지면 일등이다.) 그 후 양가 부모님들 만나 결혼 날짜까지 잡고, 드디어 우리 교회 확실한 교인이 하나 늘게 되었다.

가뜩이나 젊은 사람 없는 곳에 예쁜 색시 얻어 왔다고 마을 사람들도 박수를 친다.

부녀회장님 짓궂게 "전도사님, 색시 꾀는 재주는 어디서 배웠소?" 한다.

"재주라고 뭐 있나요? 오만 원만 투자하세요."

목자님! 목자님!

　오미리에 온 지 정확히 이 년 만에 첫 전도의 열매를 맺게 되었다. 남금리에 사는 주연옥 할머니가 그 달콤한 주인공.

　뜸하게 교회 나오던 소라 어머니가 어딘가로 시집갔다가 다시 돌아와서는 내내 어머니와 함께 살고 있다. 그 어머니가 바로 주연옥 할머니다. 우리 내외가 자주 그 댁을 들러 위로하고 신앙생활 열심히 하라고 권면하곤 했다.

　"목자님(양구 시내에 사는 큰아들 내외가 신앙생활을 하고 있나 보다. 거기서 목사님 소리를 많이 들어서인지 전도사 호칭은 아예 접어 두고 '목사님' 하신다는 게 '목자님' 으로 부르신다)이 하도 잘해 주니 미안해서라도 나갈랍니다" 하고는 얼마 전부터 예배에 참석하게 되었다.

　나중 된 자 처음 된다고 하더니 어찌나 열심인지 아침 예배는 물론이고 저녁 예배도 빠지는 일이 없다. 귀가 어두워 잘 듣지 못하지만 신통하게도 설교할 때 말끝마다 고개를 끄덕이며 장단을 제대로 맞추신다.

교회 유일한 가정이니 어찌 소홀할 수 있으랴. 참으로 열심히 그 댁을 심방하였다.

하루는 할머니께서 냉장고에 꼭꼭 숨겨 두었던 피로회복제를 내놓으신다.

"목자님! 사모님! 이거 들고 부디 건강하시오."

두 병을 내놓았는데 하나는 박카스-D요, 다른 하나는 쌍화탕이다. 잘못하면 눈치없이 깔깔거릴 뻔했다.

"주님, 소라 할머니께서 대접하는 이 음료수 먹고 일 년 내내 감기 안 걸리고 건강하게 해주십시오" 하곤 한입에 꼴깍이다.

꿈이 보인다, 보여!

꿈이, 사람에게 붙여도 예쁜 이름이지만, 사실은 개 이름이다. 처 갓집에서 기르던 개인데, 삽사리 비슷한 잡견이 제법 영리하다. 집 안에서만 묶어 놓고 기르던 놈을 이곳에 풀어 놓으니 제 세상 만난 듯 가는 곳마다 자기 땅 삼느라고 한쪽 다리를 들고 오줌을 갈겨 버린 영악한 놈이다. 전부터 살던 터줏대감들을 단 일주일도 안 되어 자기 수하로 만들고 동네 구석구석 가는 곳마다 수십 마리씩 끌고 다녀 어떨 땐 교회 주변이 온통 개판이 된 적도 있다.

"이놈이 나보다 목회를 더 잘하네? 하지만 너는 반칙이야 인마. 전도는 너처럼 무력으로 하는 게 아니야."

결국 이 녀석이 제 힘만 믿고 까불다가 봉변을 당하고 말았다. 평소에도 자동차만 나타나면 잘 덤벼들었는데 유리 아버지가 몰고 가던 1톤 트럭에 공격을 퍼붓다가 그만 깔려 죽고 말았다.

"전도사님, 미안해서 어떡하우? 이거 개 값인데 받으시오."

유리 아버지가 사고 경위를 말하면서 계면쩍게 내민 돈을 받을 수
는 없었다.

"아닙니다. 개를 풀어놓은 주인에게 잘못을 묻는 게 교통법 아닙
니까? 제가 더 죄송하지요. 이 돈은 그만 넣어두세요."

유리 아버지는 완강히 버티는 나를 이기지 못해 잠시 쭈뼛거리다
돌아갔다. 하지만 일은 거기에서 끝난 게 아니었다.

한두 시간 쯤 지났을 때 전화가 왔다.

"전도사님, 고기 드시러 오세요."

"고기라니요?"

"전도사님네 죽은 개 잡았어요."

이왕 죽은 개, 잡아서 몸보신이나 하자고 모여 있단다. 어쨌든 주

인이 와서 시식을 하라는 얘긴데…… 안 가자니 화났다는 표시를 내는 것 같기도 하고, 가서 먹자니 더더욱 못할 일이었다.

"어휴, 꿈이 이 자식이 끝까지 말썽이네."

진퇴양난에 도리가 없다.

딱히 핑계댈 일도 없고 해서 그 자리에 동석하게 되었다.

"잘 왔소. 자, 한 점 들어 봐요."

마지못해 집어주는 고기를 한 입 삼키는 순간 눈앞에 죽은 꿈이가 보이는 듯했다. 오늘 아침에도 꼬리를 살랑살랑 흔들며 까불어 대던 녀석인데…….

보통 같으면 눈물이라도 흘렸을 텐데 내색하지 않으려니 죽을 맛이다.

"꿈이의 순교라? 이놈아, 나도 죽겠다."

성한이의 관중 의식

우리 교회가 속한 춘천동지방은 춘천 지역과 양구 지역으로 나누어져 있다. 거리가 먼 관계로 웬만한 행사는 두 지역을 따로 나누어 한다.

오늘은 어린이 잔치를 양구교회에서 열었다. 양구에는 7개 감리교회가 있어서 각 교회 아이들이 그려온 그림을 전시하고 노래와 율동 경연대회를 열기로 했다.

우리 아이들도 몇 주 전부터 열심히 연습을 했다. 방과 후에 집에 가지 않고 바로 교회로 와서 연습 시작.

여섯 살짜리 성한이가 "차렷, 경례" 하고 구령을 붙이고 나면 곧바로 이어지는 찬양 메들리. '예수님 찬양'을 시작으로 열 곡 이상을 각기 다른 율동에 맞춰 제대로 소화해 내는데 꽤나 애를 먹었다. 성한이는 연습할 때도 숫기가 없어서 안 한다고 몇 번이나 울었는데

잘 할지 걱정이다. 다른 아이들도 '촌에서 왔다고 기죽을까' 염려가
되고.

"자, 이번 순서는 오미감리교회 아이들의 찬양 메들리입니다. 많
은 박수 보내주세요."

사회자의 안내로 우리 아이들이 무대 위로 올랐다. 어찌될까 안절
부절 못하던 것이 '역시 아이들에겐 어른들이 모르는 무한한 가능성
이 있구나' 하는 감탄으로 변해 갔다.

관중을 의식한 듯 약간은 떨었지만 그 관중 때문에 제 목이 터져
라고 질러대는 성한이의 고함. 이렇게 많은 사람들 앞에 언제 서 봤
겠나? 녀석의 눈은 놀란 토끼 눈이다.

'나도 저만한 나이에 관중 의식하다가 코피 쏟은 적 있지?'

동네 형들과 공차기할 때였다. 골목 축구에서 제일 위험한 게 골
키퍼다. 약은 형들은 막내인 날 골키퍼 시켜 놓고는 막 띄워 주었다.

"상혁이가 제일로 잘한다. 와!"

순진한 나이에 칭찬 듣고 싶어서 코가 깨지는 줄 모르고 공을 막
았다.

"차렷! 겨엉래!"

성한이가 눈물이 쏟아질 만큼 큰 소리를 지르는 바람에 옆에 있던
형, 누나들도 몸이 반쯤 꺾이도록 인사를 했다. 연습할 때와는 영 다
른 모습으로 멋들어지게 찬양 메들리를 엮어 나간다. 신… 신났다!

구경하던 양구교회 교인들도 우리 아이들이 신기한지 마냥 소리
지르며 박수로 응원해 준다.

동행한 유리 어머니도 엉덩이가 들썩이고……

봉고 차로 우리 아이들을 태워다 준 양구교회 청년 준호 씨도 옆에서 야단났다.

"전도사님, 등수를 따질 것도 없겠네요."

소라의 타령

예배가 끝나고 온 교인이 둘러 앉았다.

맛나게 먹은 점심에 따끈한 차 한잔을 나누며 이야기꽃을 피운다.

이제 두 살 된 소라가 저도 참견하려는지 입을 오물거리더니 내뱉는 노랫가락.

"어허이…… 어허이…… "

〈아리랑〉인지, 〈한오백년〉인지는 몰라도 틀림없는 타령조로 넘어간다.

약속이나 한 듯 모두 놀라서 잠시 조용.

그리고 폭소.

"산나물 따랴,

하루 품팔이 하랴,

달팽이 주우랴."
바쁜 엄마 대신 할머니와 있다가
어느새 타령을 배웠나 보다.
어린애 입에서 흘러나오는 타령이
고달픈 할머니 감정까지
그대로 흉내내었다.
그것 참! 허, 허, 허.

4부

스타 의식, 선비의식

목사는 옛 선비들이 가졌던 고고한 자존심을 가져야 합니다. 추악한 자리 싸움이나 일삼았던 관료적 선비 말고, 기생 차고 놀 줄만 알았던 사이비 선비 말고 배고프고 주리더라도 도리가 아닌 일은 하지 않고, 타협도 않는 청렴 강직한 그 정신을 우리는 닮아야 합니다.

고개 따라, 인생 따라

서울이나 춘천에서 인제, 속초, 강릉 쪽으로 빠져나가는 잼버리 도로. 그 도로가 시작되는 고개 입구에는 이런 표지판이 있다.

> 강원도 길은 매우 경사가 심하고 구불구불하며 기상 변화도 심하니 조심하셔서 안전운행하시고 즐거운 여행이 되시기 바랍니다.

마치 비행기가 이륙할 때 솟구치는 그 각도처럼 하늘로 비상하는 느랏재. 아스팔트 도로를 질주하며 가뜩이나 현기증이 나는 판에 경고 아닌 경고 표지판을 보면 진땀까지 날 지경이다. 경사와 구비가 심해 어떤 이는 고개를 채 넘지도 못하고 차를 세우고 멀미를 뱉어낸다. 그리곤 산 정상에 있는 느랏재 터널을 기점으로 어지러운 내리막길이다. 오를 때보다 내리막이 훨씬 아슬아슬해서 조금이라도 핸들을 늦게 틀거나 브레이크를 늦게 밟게 되면 운명을 달리할 수도 있다.

고개를 다 내려왔다 싶을 때쯤, 시야가 확 트이고 상쾌한 기분을 안겨주는 마을이 그림처럼 앉아 있다. 실개천이 흐르고 한적해 보이는 집들이 여기저기 여유롭게 자리잡고 있다. 바로 상걸리다.

도로는 언제 그랬냐는 식으로 보기 좋게 쭉 뻗어 있다.

그런데 한 가지 주목해야 할 사실은 바로 이 지점에서 자주 사고가 난다는 것이다. 지금까지 힘든 여정을 용케 운전해 오던 운전자들이 여기서 마음이 확 풀어져 그만 봉변을 당하곤 한다. '이제 험한 고갯길은 없겠지' 하는 마음에 긴장을 푸는 순간 급커브(지금 넘어온 고개보다 몇 배나 더 가파르고 경사가 심한 가락재가 홍천 쪽으로 버티고 있다)가 나타나고, 그걸 피하기에는 운전자의 신경이 너무 이완되어 있다.

이런 현상은 가락재에서 느랏재로 넘어오는 반대편 차선에도 똑같이 적용된다.

이 고갯길을 무사히 넘지 못하고 도중에 사고당하는 경우를 분석해 보면 주로 초행자들. 물론 익숙지 않은 고갯길이라 사고를 당하는 것이다. 하지만 같은 초행자라도 긴장을 풀지 않고 조심해서 살살 운전하면 문제될 것도 없다. 결국 사고의 주범은 자만과 방심이다.

사고를 내는 또 다른 경우를 보면 '음주 운전자'이거나 애인이나 친구들과 함께 동해로, 설악산으로 여행 가며 들떠 있는 사람들이다. 술 취한 눈에 굽어진 도로가 무서울 리 없다. '안 비키면 쳐들어 간다' 하고 객기를 부리다가 변을 당하기도 하고, 애인과 친구들끼리 이리저리 쏠리는 재미에 '야호'를 연발하며 운전 자랑하다가 추락 사고를 내기도 한다.

하루에도 몇 번씩 넘나들던 느랏재. 눈 감고도 길이 보일 만큼 익숙했던 내게도 방심은 큰 적이었다. 순간의 방심으로 위험천만한 고비를 한두 번 넘기지 않았으니까.

언젠가 이 고갯길이 인생처럼 느껴질 때가 있었다. 느랏재 입구에 있는 표지판을 매번 확인하고 되뇌일 때마다 묘한 대비를 해보는 버릇도 그때부터 생겼다.

'강원도 길' 대신에 '여러분 인생길'을 넣으면 이렇게 된다.

"여러분 인생길은 매우 경사가 심하고 구불구불하며 기상 변화도 심하니 조심하셔서 안전운행하시고 즐거운 여행이 되시기 바랍니다."

천국을 향한 우리 신앙인들의 인생길!

아무쪼록 무사한 여정이 되었으면 좋겠다.

맥가이버 조

과거의 작은 허물 때문에 현재의 내가 정당한 평가를 받지 못한다면 얼마나 답답하고 억울할까?

소위 전과가 있는 사람들이 출소 후에 재범 가능성이 꽤 높다고 한다. 새 출발의 각오를 단단히 했다가도 물거품이 되고 마는 가장 큰 이유는 '전과자'라면 색안경부터 끼고 보는 주변 사람들의 불신 때문이다.

이유야 어쨌든 어두운 과거 때문에 유망했던 장래가 망가지고, 가졌던 소망들이 물거품이 되고 만다면 그 얼마나 안타까운 일이겠는가?

조○○ 씨.

대구에서 나고 또 그곳에서 살았지만 태생이 워낙 허약했다. 정확한 원인도 없이 날마다 잔병치레하느라 고생고생하다가 '시골 한적

한 곳에서 요양하는 게 상책'이라는 주위 사람들의 충고에 찾아든 곳, 바로 상걸리였다.

"이제 두 해 되었심더. 마! 상걸리가 최고라예. 이 양반이 이리 건강해질 줄 아무도 몰랐어예."

부인은 좋아서 어쩔 줄 몰라 했다.

처음 이곳에 왔을 때는 잠깐 쉬다가 갈 심산이었다. 집도 이동식 컨테이너를 구해다가 임시로 썼다. 낚시나 하고 소일하면서 건강이 회복되면 다시 대구로 갈 생각에 말이다.

그런데 눈에 띄게 좋아지는 건강과 취미 삼아 길렀던 양계에 재미를 붙이면서 이곳 생활에 정이 들고 말았다.

"시골이 체질이구마" 하고는 아예 눌러 살기로 결정해 버렸다.

내가 조 씨를 만나면서 놀랍게 생각한 점은 그가 가지고 있는 비상한 재주였다. 언젠가 텔레비전에서 〈맥가이버〉라는 외화가 방영된 적이 있다. 주인공 맥가이버가 능수능란한 손재주와 기술로 폭약도 만들고 고장난 차를 움직여서 악당들을 혼내 주는 줄거리로 인기가 많았다.

상걸리에서 맥가이버 같은 해결사가 바로 '조 씨'였다. 고장난 포클레인을 헐값에 사들여서 손수 뜯어 고쳤다. 그것으로 마을의 숙원이었던 진입로를 닦아 주기도 했다.

상걸리는 골짜기가 많고 갈래갈래 찢어진 골마다 집 한두 채가 흩어져 있는 산촌인데다 경운기가 다니기 힘든 곳에도 집이 있다. 그러니 농사짓는 사람들에게 그 불편과 생활고는 이만저만이 아니었다. 관계 당국에 마을 진입로를 닦아 달라고 몇 차례 민원을 내보았지만 언제가 될지 알 수 없는 일이었다.

이런 상황에서 조 씨의 출현은 그야말로 맥가이버가 아니라 슈퍼맨이 나타난 것 아니겠는가! 고장난 동네 경운기와 자동차, 물 끌어올리는 양수기에 이르기까지 그의 손을 거치기만 하면 어떤 고물도 쓸 만한 기계로 탈바꿈했다.

마을 사람들이 우스개로 그에게 지어준 별명이 '조가이버'(대단한 욕처럼 들려서 민망하지만 사실이 그러니 할 수 없다)였다.

그뿐이 아니다. 조 씨의 양계장을 직접 견학했을 땐 이전보다 더 큰 감탄사가 절로 난다. 직접 발명한 기계로 칡을 썰어서 닭 사료와 혼합해서 먹이는 비법으로 달걀을 생산했는데 그 달걀의 맛과 영양은 이미 춘천 시내에서는 이름을 떨치고 있었다. 강원대 모 생물학 교수님이 어느 일간지에 "상걸리 사는 조○○ 씨가 출하하는 칡 계란은 콜레스테롤이 거의 없어 건강식으로는 그만이다"라고 발표한 덕분에 많은 사람들이 찾게 되었고 이제는 성공한 사업으로 자리잡았다.

가뜩이나 농산물 개방이다 뭐다 해서 경제적으로 궁핍한 농촌에 조 씨는 한가닥 희망처럼 보였다. 동네 젊은층을 중심으로 그가 하는 양계 사업을 상걸리 마을의 지정 산업으로 육성하자는 계획이 마련되었다.

그런데 그 일을 추진하기 위해서 농협으로, 군청으로 분주히 뛰어다니고 있을 때 문제가 터졌다.

농협에서 사업 자금을 빌리기 위해 마을 사람들과 공동 명의로 '사업 계획서'를 작성하고 그 외 필요한 서류를 꾸미는 과정에서 그의 이름이 조○○이 아니라는 게 밝혀지는 어처구니없는 일이 일어났다. 이를 수상히 여긴 누군가가 신고해서 조 씨의 정체(?)가 드러나게 된 것이다.

"조○○의 본명은 ○○○이다. 그는 수년 전 대구에서 사업을 하다 부도를 내고 도피, 전국에 지명 수배된 자."

경찰의 공식적인 발표였다. 건수 하나 건지려는 듯 그날부터 순경들이 떼지어 상걸리 마을을 넘나들었다.

동네 사람들이 입은 허탈감은 이루 말할 수 없었다. 판로가 확실하고 닭고기 맛도 좋아서 여러 가지로 고소득이 보장된 사업이었는데 조 씨가 큰일을 당하면서 이 모든 계획이 수포로 돌아간 것이다. 허탈감에 배신감까지 겹쳐서 '범죄 없는 마을을 순식간에 범죄 있는 마을로 만든' 조 씨를 향한 원성도 나왔다. 어제까지만 해도 동네 영웅이던 그가 동네의 수치로 돌변해 버린 소설 같은 반전을 어떻게 설명해야 하나?

조 씨의 정체가 드러난 그날 밤, 남의 눈을 피해 교회로 찾아 왔다. 행색을 보니 도주하려는 듯했다. 자수를 권했지만 그는 차라리 이대로 도망가서 법적 공소 시효가 끝날 때를 기다리겠다고 했다. 다시 이곳으로 돌아오겠냐고 했더니 "얼굴에 똥칠한 마당에 창피해서 어찌 그럴 수 있겠냐"며 다른 곳에서 자리를 잡겠다고 한다. 그래서 돈 벌어 빚진 것 갚고 지은 죄 탕감받겠다며 아주 떠나고 말았다.

조 씨는 이제 첫 걸음마를 뗀 신앙인이기도 했다. 그가 조금만 더 일찍 주님을 영접했더라면 지난날의 죄에 대해서 담대한 입장을 취할 수 있었을 거라는 아쉬움이 얼마나 컸던지…….

사실 불꽃 같은 눈으로 감찰하시는 하나님 앞에 죄 없다 목 굳은 게 더 큰 죄인이다. 사람 앞에 죄짓는 것은 그 다음 문제다. 세상에 드러난 죄가 있긴 하지만 감추어진 죄는 또 얼마나 많은가? 드러난 작은 도둑질 말고 드러나지 않은 공공연한 큰 도둑질은 또 얼마나 많은가?

우리의 허물과 죄를 탓하지 않으시고 새길을 열어 주시는 주님의 은혜를 그가 어디에서든 체험했으면 좋겠다. 진심으로!

스타 의식, 선비 의식

내가 자란 마을은 광산촌이다. 한때는 동양 최대를 자랑했던 중석 광으로 유명한 강원도 상동이 내 고향이다.

우리가 자라면서 시구처럼 조잘대던 말이 있는데 "하늘은 천 평! 마음은 만 평!"이었다. 어찌나 산이 험하고 뾰족한지 사방이 막혀서 실제로 하늘이 좁아 보였다. 상동중학교로 발령받아 온 한 여선생님 은 이제 들어가면 영영 돌아가지 못할 것 같은 두려움에 며칠을 울 었다고 할 만큼 막다른 동네다.

마을을 관통하는 신작로가 계곡 따라 구불어 들고 그 길을 중심으 로 십 리가 채 못 되는 공간에 게딱지 같은 집들을 빽빽이 들어 차 개미처럼 살았던 기억이 생생하다.

광산촌이 다 그렇듯이 원래부터 토박이는 거의 없고 대부분 전국에서 살기 위해 모여든 사람들이다. 아버지들은 하루의 대부분을 어두운 굴 속에서 중석가루 마시면서 '빨리 돈 벌어 어서 떠야지' 하는 마음으로 일했다.

그 마을 한가운데 자리잡은 교회는 날로날로 부흥되었다. 하루하루를 운명에 맡기는 삶이고 워낙 정에 약한 사람들이라 믿지 않는 사람들도 쉽게 전도가 되고 일단 교회에 발을 들여 놓으면 이상할 만큼 열심을 내는 사람들이다.

주일이면 일주일 내내 모자라는 잠과 피곤한 몸 쉬지도 않고 어두운 삶 탈출하여 광명을 찾아보려는 듯 교회에 와서 예배드리고 목사님의 설교를 들었다.

어린 내 눈에도 고향에서 가장 특별한 사람은 목사님이셨다. 하나님의 소망을 주시는 말씀을 선포하고, 교인들의 복된 생활을 위해 날마다 눈물로 기도하는 분이셨으니까.

광산에서의 생활은 내일을 기약할 수 없다. 탄광보다는 중석광이 여러 면에서 작업 환경도 좋고 경제적인 대우도 나았다. 하지만 얼마나 깊이 들어왔는지도 모를 굴 속에서 느끼는 위기감은 어디라고 해서 덜할까? 날마다 죽음을 접하고 살았겠지. 교인들이 섬기는 하나님은 하루하루 이 생명을 연장시켜 주시는 분이다.

"하나님, 생명을 주관하시는 하나님, 오늘도 살려주신 하나님 아버지!"

목사님은 교인들의 목숨을 위해 또 목숨 걸고 기도하는 분이셨다. 그러니 교회와 목사님께 바치는 정성은 남다를 수밖에 없었다. 교회

일뿐만 아니라 목사님 일이라면 회사에 결근계를 쓰고, 시말서를 쓰고, 또 하루 품을 포기하면서까지 내 일처럼 달려드는 경우를 많이 보았다.

매일매일 똑같이 반복되는 일상의 무료함을 달래기 위해 주고받는 얘기들의 대부분은 목사님에 관한 것들이었다. 정말이지 이 마을에서 가장 특별한 존재는 목사님뿐이었다.

내가 "커서 목사님 될 거예요" 하니까 어른들은 머리를 쓸어주면서 "기특하다"고 칭찬해 주셨다. 그래서 의사가 되겠다거나 대통령이 되겠다고 한 친구들이 무안을 당한 적도 있다.

초등학교 시절, 선생님이 장래 희망을 조사하면서 칠판에다 여러 직업을 적어 놓고 "이중에서 하나만 골라 적어 보라"고 한 적이 있다. 선생님이 적어 놓은 직업란에는 '목사'가 없었다. 어린 나이에 그것이 너무 이상했다. 도무지 이해가 안 되었다.

'왜 의사, 과학자, 운동선수, ○○○, ○○○, ○○○는 다 있는데 목사는 없을까? 왜 맨 앞에다 특별히 큰 글씨로 쓰거나 파란 색깔의 분필로 '목사'라고 쓰지 않았을까?

망설이지도 않고 당돌하게 손을 들고 선생님께 따졌다.

"선생님, 저는 목사님이 될 건데 왜 칠판에는 없습니까?"

그때 선생님은 '살다보니 별 놈을 다 보네' 하는 대수롭지 않은 표정으로 특별히(?) 내 장래 희망을 적어 주셨다.

이런 자신에 대한 특별 의식 때문에 고등학교 때에는 학교가 발칵 뒤집힌 사건을 일으킨 적도 있다.

　영한이는 주먹도 세고 태권도도 잘해서 싸움으로는 우리 반을 한
마디로 '꽉' 잡는 그런 친구였다. 그 완력에 눌려서 도시락을 빼앗기
고 짓궂은 장난을 당해도 히죽하고 비굴한 웃음으로 받아 주어야 했
다. 물론 나도 그런 피해자 중에 하나였다.

　생물 수업 중이었다. 바로 뒤에 앉은 영한이가 내 교복을 칼로 찢
고 있었다. 도저히 힘으로 당해 낼 자신이 없던 나는 그대로 몸을 맡
기고 무기력하게 있을 수밖에……

　"상혁이는 앞으로 목사가 될 거니까 참을 수 있을 거야. 그렇지?"

　그 애가 빈정거리며 내뱉은 한마디에 난 이성을 잃고 말았다. 다
른 건 다 참아도 그 말만은 도저히 용서가 안 되었다. 존경하고 사모
하는 '목사님'을 모욕하는 말이었고, 나아가 하나님을 능멸하는 말

이었으니까. 수업 중이라는 사실도 잊고 벌떡 일어나서 영한이 얼굴을 발로 걷어차고 교실을 뛰쳐나왔다. 이런 행동은 처벌 대상이라는 엄격한 학교 규율같은 건 머릿속에 없었다.

신학대학에 입학해서 이런 특별 의식은 나보다 더 특별한 재주와 능력을 지닌 친구들을 만나면서 열등감으로 변했다. 어떤 노래든 한 번에 척척 화음까지 넣어 따라 부르는 친구, 기타를 자유자재로 연주하는 친구, 또 어찌나 말을 잘하는지 남들 앞에서 입으로 웃기고 울리는 친구 등등. 내가 갖지 못한 재주를 지닌 특별한 친구들 앞에서 우물 안 개구리는 한마디로 질려 버린 것이다. 나중에 알고 보니 중학생 때부터 교사로, 성가대로 봉사하면서 그런 재주들을 자연스럽게 익혔던 것이다. 그런 건 '목사님' 될 사람은 안 해도 되는 줄 알았다.

신학생들은 교회 실습을 의무적으로 하고 매 학기마다 보고서를 제출해서 학교의 확인을 받아야 했다.

나의 무능은 실습하던 교회에서 여지없이 드러났다. 찬송가 인도도 제대로 못하고 교회학교 아이들 앞에만 서면 왜 그리 캄캄해지던지.

친구들은 신학적인 고민을 하며 성숙하고 있을 때 나는 말 못하는 이 열등감으로 시름시름 속병을 앓아야 했다. 어려서부터 교회에서, 집에서, 그리고 학교에서도 특별한 대접을 받았던 내가 졸지에 찬밥 신세가 되고 보니 가뜩이나 외로운 객지 생활에 서러움만 컸다.

그래서 친구들 열심히 공부해서 심신을 닦고 있을 때, 나는 기타를 치고 노래 연습을 해야 했다. 거울 앞에서 원맨쇼도 했고, 유명한 부흥강사 제스처를 흉내내며 '나 홀로 부흥회'도 땀 흘려 했다.

'특별한 대접을 받을 만한 자격을 갖춰야겠다'는 일념으로 말이다. 이때의 열등감은 지금까지 누렸던 특별 대접에 대한 더 큰 동경과 집착으로 발전했다.

이런 노력의 결과로 웬만큼 규모 있는 교회, 전도사로 초빙되어 '성가대 지휘도 잘하고 자신만만한 전도사님'으로 인기도 누리고 대접도 받았다. 잃었던 자리를 찾았으니 얼마나 기쁘고 만족스러웠던지.

하지만 그 달콤한 스타 대접은 목회를 시작하면서 옛 추억이 되고 말았다. 첫 목회지로 교인 없는 교회를 담임하면서 '어떻게 여기서 지낼까'를 고민하던 어느 날, 산에 오른 적이 있다. 멀리 보이는 동네를 바라보며 교회를 찾았지만 쉽게 찾을 수 없었다. 겉모습이 주변의 다른 집들과 비슷한데 나도 모르는 사이에 특별한 건물을 찾고 있었으니 못 찾을밖에. 버스가 다니는 큰 길을 기준으로 해서 더듬어 와서야 겨우 교회를 찾을 수 있었다.

그때 나는 심각하게 자신을 돌아 볼 수 있었다.

종교적 엘리트로서 얼마나 많은 혜택과 특별한 대접을 받고 살아 왔는지 말이다. 온실 안 화초처럼 귀한 대접받으며 고생(주님이 몸소 보여 주신 자기 포기와 헌신의 삶 같은) 모르고 살아 왔는지 말이다. 마치 팬들의 사랑과 관심 속에 삶의 의미를 찾는 연예계 스타들이 가질 법한 그런 의식을 가지고 거대한 교회 조직 안에서 여전히 그 특별 의식을 키우고 싶은 욕망에 사로잡힌 나를 제대로 발견해 낸 것이다.

그날 밤 얼마나 복받쳤는지…….

목사 안수를 받던 날 어머니는 눈물을 흘리셨다. 내게 특별 의식을 심어 주셨던 일등공신인 어머니가 흘리신 눈물. 당신의 평생 소원을 이루셨다는 기쁨의 눈물로만 생각되지 않는다. 목사가 되어서도 별 특별함 없이, 미자립 시골 교회를 맡아 가난하고 초라한 모습인 아들을 애처로워하시는 눈물이었을 것이다.

감리교단이 인정하는 '무흠하여 안수를 받을 만한 자격이 있는' 목사가 되기는 했지만, 앞으로도 내 안에서 스타 의식이 도사리고 있는 한 결코 무흠하지 않을 것 같다.

이런 의식을 버리지 않는 한 돈과 명예와 출세에 대한 욕망은 우는 사자처럼 끊임없이 내게 달려 들어 목회자로서의 길을 훼방하겠지. 싸움은 지금부터다.

아! 그래도 포기해서는 안 될 특별 의식이 있다.

선배이자 은사였던 목사님께서 하신 말씀, "목사는 옛 선비들이 가졌던 고고한 자존심을 가져야 합니다. 추악한 자리 싸움이나 일삼았던 관료적 선비 말고, 기생 차고 놀 줄만 알았던 사이비 선비 말고 배고프고 주리더라도 도리가 아닌 일은 하지 않고, 타협도 않는 청렴 강직한 그 정신을 우리는 닮아야 합니다."

바나나 주시는 하나님

모창원 집사님의 일터는 2.5톤 포장 트럭이다.

〈믿음상회〉라는 상호를 가진 이동식 가게로 주로 춘천 근방의 골짜기로만 다니며 부식거리를 팔았다.

'별 보기 운동'을 하듯이 새벽에 나가 저녁에 집에 돌아오는 순간까지 험한 골짜기로만 다니려니 고되기가 이만저만이 아니겠지. 늘 핏기 없어 보이는 얼굴을 대할 때마다 걱정이 되었다.

"몸 생각하셔서 일찍일찍 다니세요."

"매일 앉아서 돈 버는데요, 뭘……."

담임목사로서 교우들 살아가는 모습을 알고 싶어서 모 집사님과 하루를 동행하게 되었다.

시내 사우동 시장에서 배추와 무, 양파, 마늘 등속을 싣고 다시 소양동에 있는 벼룩시장에서 과일과 두부를 실었다. 준비가 거의 다

되었나 싶을 때 출발하려다 말고 무슨 생각이 들었는지 부식과는 상관없는 뻥튀기, 마른 과자류 등을 잔뜩 사서 재어 놓는다.

"그런 건 왜?"

"제가 다니는 마을은 가게가 없거나 있어도 아주 작은 구멍가게뿐이라 변변한 간식이 없어요. 할머니들과 애들이 가끔 찾거든요."

춘천과 양구 사이에 있는 이름 모를 마을들. 아예 버스 같은 대중교통수단이 없는 곳도 많아서 시집와서 단 한 번도 대처 구경 못한 노인들도 많다고 한다. 이틀에 한 번씩 오는 부식 차 보는 재미로 사는 분들도 있단다.

확성기를 통해 우렁차게 퍼져 나가는 복음성가 소리가 나면 〈믿음상회〉 차가 마을로 입성한다는 신호다.

"그런 노래 틀려면 우리 동네 오지 마시오" 하던 사람들에게 "그럼 이 동네 정말 안 옵니다. 누가 아쉬워?" 했더니 그 다음부터는 군소리 없다나?

물건만 팔고 사는 게 아니다. 안부를 묻는 인사가 일일이 오가고 세상 돌아가는 얘기며 한바탕 웃음 잔치가 열렸다. 여기선 에누리하자고 조르는 사람도 없다. 속바지 깊은 데를 뒤져서 나오는 구겨진 천 원짜리 내놓으며 "알아서 줘" 하면 푸짐한 부식에 꽁치 한 마리가 덤이니까.

오항리 마을 입구에 들어서니 '지금쯤 오겠지' 싶어 동네 아주머니들이 벌써부터 무리지어 있다. 복음성가를 어느새 귀에 익혔는지 엄마 등에 업힌 아기가 손을 막 흔들어 댄다.

언젠가 엄마 등에 업힌 녀석, 귀엽다고 머리 쓸어주며 바나나 하나 준 것이 이젠 버릇이 되었다. 찬송가 소리만 나면 엄마한테 밖에 나가자고 성화란다.

"맘마. 하나님 왔쪄. 빠나나… 빠나나……."

가는 곳마다 바나나 주는 하나님 노릇(?) 하느라 모 집사님은 매일 늦는 것이다.

이해한다는 것은…

많은 사람들이 오가는 대로에 대학 입학을 축하하는 현수막이 걸렸다.

"축, 홍길동, ○○대 영문과 합격!"

저렇게 요란하게 광고하는 걸 보면 일류대 정도 들어갔나 싶었다. 하지만 뜻밖에도 그리 자랑할 만한 대학이 결코 아니었다.

'체! 자랑할 것 되게 없네. 저 정도 대학 들어 간 것 가지고 야단이야?' 속으로 비아냥거리고 지나쳤다.

며칠 후, 다시 그 거리를 지나가면서 이번에는 큰 글자 밑에 있는 작은 글자를 자세히 읽어 보았다.

"○○맹아학교"

"!!!"

상황을 제대로 헤아려 볼 생각은 않고 비웃음 쳤던 경솔함에 '너

인간 되려면 멀었구나' 이번에는 스스로를 비웃었다.

사람을 대하면서 이런 당혹감을 느낄 때가 종종 있다. 상식적으로 이해 안 되는 성격 때문에 돌발적인 행동을 해서 주위 사람들에게 완전히 찍히고 따돌림 당하는 경우도 많고. 그럴 때마다 경멸감이 들 때도 있지만, 좀더 깊이 그 사람의 입장을 헤아려 보면 잘잘못을 떠나서 노여움보다는 연민이, 더 나아가서 그를 이해하는 단계에까지 오를 수 있다.

상걸리 김명산 할머니.

머리가 하얗게 새어서 나이보다 훨씬 더 늙어 보이는 분이 20킬로그램짜리 비료부대를 머리에 이고 종종걸음으로 내달리는 걸 보면 허리까지 꾸부정해서 보기에도 위태롭다. 그래서 좀 거들려 했더니 그만두라고 밀쳐내는데 힘도 힘이지만 의외로 대단한 신경질이었다.

한번은 김 할머니가 '목사님 식사 대접하겠다' 고 해서 교우 한 분이 거들게 되었다. 일이 안되려고 그랬던지 그분이 물을 잘못 맞추는 바람에 밥이 질게 되었다. 도와주려다 한 실수이기 때문에(사실 실수라고 할 정도로 진밥은 아니었다) 보통 사람 같으면 그냥 넘어갈 것을 할머니는 그렇지 못했다.

"이 ×년이 내가 목사님께 잘 보이는 게 싫어서 일부러 밥에 홍수 냈지? 이 ×년아"

그러니 상대방은 어떻게 되었겠는가? 이래저래 교우들과 자주 말썽이 나고 소원한 관계가 되고 말았다. 보다 걱정인 것은 "안에서 새는 바가지 밖에서도 샌다"는 속담처럼 이런 김 할머니의 태도 때문에 마을 사람들과 크고 작은 다툼이 끊이질 않았다.

언젠가 할머니가 교회 오는 길에 실수로 넘어진 일이 있었다. 예배당에 들어서자마자 욕을 해대는데 평소에 감정이 좋지 않았던 사람들의 이름을 부르며 "그 귀신이 저주를 했다"고 고래고래 소리를 지르는 것이다.

하루는 마을 입구에 세워 둔 교회 알림판이 기울어진 걸 보고 하시는 말씀 "어떤 귀신이 저걸 쓰러뜨렸누?" 하면서 동네 아주머니들 이름을 불러댔다.

"○○ 귀신 아니면, ○○ 귀신이 그랬을 거다."

아마 며칠 전에 그들과 틀림없이 다투었을 것이다.

"할머니, 바람에 쓰러질 수도 있고, 지나가던 차가 들이받아 살짝 넘어갈 수도 있는 건데 그런 식으로 동네 사람들 욕하지 마세요."

"에헤이, 우리 목사님도 귀신 편이구만?"

"예?"

매사가 이런 식이니 시간이 갈수록 할머니에 관한 소문이 악명을 떨치게 되었다. 나중에는 동네 사람들이 '못된 할망구 이 동네에서 몰아내자'고 합의를 보는 사태까지 벌어졌다. 물론 교우들도 교회에 덕이 안 되니 마을 사람들 하는 대로 내버려두자는 쪽으로 의견이 모아졌다.

이러다간 정말 불쌍한 노인이 쫓겨나는 게 아닌가 싶어 할머니를 조용히 타일렀다.

"할머니, 이 동네에서 오래 사셔야죠. 동네 사람들과 자꾸 다투시면 쫓겨나세요. 그리고 귀신 얘긴 그만 좀 하시구요" 했더니 그래도 담임목사에게 만큼은 잘 하시던 분이 눈이 하얗게 뒤집히며 입엔 게 거품을 물었다.

"이 목사 귀신아! 썩 물러가라. 나사렛 예수 이름으로 물러가라. 에헤이." (이 말을 듣고 하마터면 '뭐 이런 할망구가 다 있어?'라고 튀어 나올 뻔 했다.)

그러고 나서 약 30분간을 주저앉아 넋두리하시는데 지나온 삶을 굴비 엮듯 엮어 내신다. 그 내용은 이랬다.

젊은 나이에 혼자되어 아들 하나 데리고 살면서 안 해본 일이 없다. 갖은 고생 끝에 목돈을 마련했는데 누군가에게 사기를 당해 홀랑 날리고 말았다. 가는 곳마다 과부라고 업신여기는 사람들과 부딪히면서 살았다. 목숨 바쳐 키운 아들은 불여시 같은 며느리 만나 숫제 어미를 내어 쫓았고……. 찢어지는 가슴 어찌할 수 없어 신앙생활을 하기 시작했다. 세상과 등지고 싶어 그때부터 전국 기도원을 두루두루 돌아다녔다. 나이 먹고 병들자 기도원에서도 괄시를 해서 전전긍긍하다가 우연히 상걸리로 들어 오게 된 것이다.

그래. 공평치 못한 세상살이, 혹사당하는 자신의 인생이 서러워 그 이유를 물어 헤매다가 어느 기도원에선가 '선한 이를 괴롭히는 귀신'에 관한 말씀을 들었을 거다. 그리고 그때부터 자신의 삶을 그토록 괴롭힌 존재가 모두 귀신 때문이라고 믿게 되었을 거다. 그래야 자신의 과거가 실패로 끝나지 않고 '의로운 자의 영적 싸움과 고난'으로 보상받게 될테니.

현실을 직면할 힘이 없으니 나름대로 자기를 지키시느라 저러셨군. 사람들이 돌팔매질만 능사로 알고, 관용하고 이해하는 데에는 참으로 인색하구나.

나도 예외일 수 없다. 드러나게 김 할머니를 욕하지는 않았지만 '저 할머니 때문에 전도 다 막힌다'고 불평했던 적이 한두 번이 아니었으니까.

얼마 후에 할머니는 제 풀에 못 견디고 동네를 떠나시긴 했지만 그동안 만큼은 말없이 할머니 방패막 역할을 해 드릴 수 있었다.

김 할머니가 떠난 뒤에도 한참 동안 마음이 편치 않았다. 때늦은 기도만 이렇게 흘러 나왔다.

"주님, 김명산 할머니의 험난한 삶과 또 그 인생을 더욱 험하게 몰아가는 깊은 피해 의식이 주님 품에서 진정 위로받게 하옵소서. 진정 위로받기를 원합니다."

호화 여객선과 나룻배

바다처럼 끝이 보이지 않는 강.

이 강을 모두 건너야 한다.

이 골짝 저 골짝에서 몰려와 배 타려는 사람들로

선착장은 가득 찼다.

어느 배를 탈 것인가?

수천, 아니 수만의 좌석이 있고

온갖 편의시설 다 있어

여행 중 먹고 싶은 것 먹고

보고 싶은 것 다 보고

하고 싶은 것 다 할 수 있는

호화 유람선이

지루하지 않을 것 같아

가장 큰 인기가 있다.

멋지게 빛나는 제복, 세련된 매너로

파이프 물고 있는 콧수염의 선장.

말 한마디에 출항 준비는 착착 진행되고

선장님 호령이 곧 법이다.

사람들은 눈치보고 두려워한다.

배가 항해하는 동안에도

선장은 배에 오른 유지들과 교제하는 게 일과.

믿고 맡길 수 있는 전문가들이 득실득실 했으니까.

그들이 각자에게 주어진 임무만

충실히 하면 이 배는 끄떡없다.

일등 항해사에 최고의 기관사

그리고 엔지니어들이 있고

육지에서도 맛보지 못할

산해진미 만들어내는 요리사들이 있으니 여행은 즐겁다.

간혹 불평하고 말썽을 부리는 사람들이 있지만

동행하는 경찰 공무원이 확실한 공권력으로 제어한다.

작은 나룻배도 물 위에 떴다.

출발에 앞서 번거로운 일도 많다.

걸음 늦은 할머니 기다려 태우고 가야지,

놓고 온 짐이 있다고 해서 되돌아가기도 했다.

갑자기 배탈 환자가 생겼으니 또 큰일이다.
가뜩이나 작은 배에
사공은 왜 그리 많은지
이리 가자, 저리 가자
참견하랴, 불평하랴, 언제 이 강을 건널까?

때로는 성능 좋은 모터보트가
선남선녀들을 태우고 굉음을 지르며 지나가기도 한다.
유유한 유람선의 댄스파티를 지켜보던 뱃사공은
말없이 내민 할머니의 쉰 주먹밥에 눈물겨워
계속 노를 젓는다.

뭐가 진짜야

닭갈비를 전문으로 하는 두 음식점이 도로를 사이에 두고 마주보고 있었다. 두 집 다 무난한 매상을 올리고 있었지만 같은 메뉴의 음식점으로 늘 상대를 견제하는 눈치다.

하루는 앞집에서 간판을 바꾸어 달았는데 '원조 닭갈비'라고 써붙였다. 간판이 효력을 발휘했는지 손님이 늘어 재미를 보았다. 그러자 맞은편 식당에서는 다음 날로 '진짜 원조 닭갈비'라는 간판을 더 커다란 글씨로 달아 놓았다. 조마조마하게 두 집 사이에 맴돌던 전운이 드디어 참지 못하고 폭발한 모양이다. 양쪽 집의 싸움은 감정 싸움이 되어 이성으로는 해결할 수 없는 지경이 되었다.

전투 양상은 점점 치열해질 수밖에. 간판을 하루에도 몇 번씩 갈아 치우려면 비용만 해도 엄청날 텐데, 그런 손익계산은 눈에 들어오지도 않는 모양이다. 상대를 누르고 말겠다는 자존심과 오기만 발동해서……

　'우리가 진짜 원조 닭갈비' 하면 '원조 특허 받은 진짜진짜 닭갈비' 라고 응수하고 뒤에다 '주의! 유사 닭갈비!' 라는 경고문까지 내달았다. 다음날에는 '원조라고 다 원조냐' 를 선봉에 세웠다.

　주인들은 물론이고 종업원들까지 두 팔 걷어 붙이고 나와서 멱살 잡이하고 욕설에다 온갖 모함을 다 퍼부어댄다.

　구경 중에 제일이 불구경, 싸움 구경이라더라. 흥미 있게 싸움 구경하던 사람들도 험악해져 가는 분위기에 질려 도망질이다.

　입맛 잃은 단골들은 혀를 차며 다른 먹자골목으로 옮겨갔다. 이젠 코빼기도 안 보인다.

　이래저래 양쪽 식당 모두 단골을 잃어버리고 재기 불능 상태, 텅 빈 거리에 주저앉게 되었다.

　"상처뿐인 전투! 이젠 그만둡시다."

　그때서야 제정신을 찾았지만 이미 때 늦은 뒤였다.

사냥꾼과 달마티안

강원도 일대에 수렵 허가가 났다. 안 그래도 남 몰래 사냥을 즐기던 꾼들인데 허가까지 났으니 또 얼마나 설치고 다닐까.

상걸리는 춘천 시내에서 가깝고 산세도 제법 깊어서 사냥터로는 제격이다. 오늘도 엽총 들고 사냥개 여러 마리 대동한 전문 사냥꾼들이 줄줄이 입산하는 걸 봤다.

오후쯤 되었을까? 흰 바탕에 검은 점이 범벅이 된 '달마티안' 두 마리가 앞장 서고 주인은 그 뒤를 따라 산을 탄다.

그들의 모습을 지켜보던 은혜 어머니가 빙그레 웃으면서 한마디 한다.

"저 사람, 오늘 허탕치겠어요. 달마티안은 꼬리를 흔들어 사냥감이 있다는 걸 표시하는데 저렇게 꽁지를 잘라 놨으니 제대로 될까?"

나야 문외한이니 알 턱이 없지만, 은혜 어머니 말은 믿을 만하다.

개 사육만 몇 년을 했으니까. 육견만 키우는 게 아니라 진돗개에 세인트 버나드, 도베르만, 셰퍼드에 이르기까지 세계적으로 유명한 개는 다 키워 봤으니 개에 관한 한 전문가가 아니겠는가.

아무리 멋진 재킷을 입고 성능 좋은 고급 총이 있어도 무엇보다 중요한 사냥 파트너는 '개'다. 사람의 총 솜씨도 중요하지만, 주인보다 앞서가며 예민한 후각으로 사냥감을 추적해서 정확한 위치를 알려 주는 사냥개의 안내가 더 우선이다.

애처롭게도 꽁지 잃은 달마티안은 죽어라고 사냥감을 쫓다가 '이때다' 싶어 신나게 꼬리를 흔들어 주인에게 신호하겠지만 멀리서 뒤따라오는 주인의 눈에 짧은 꼬리 흔드는 꼴이 보이기나 할까? 목표가 사정거리 안에 있는데도 눈치채지 못하는 주인이 하도 답답해서 그걸 알려주느라고 '왕왕' 소리를 질러 대면 애쓴 보람도 없이 사냥감은 날아가거나 도망가고 말겠지. 골난 주인은 제 멍청함은 모르고 애꿎은 개 옆구리만 걷어 찰 거다. 그리곤 공친 하루에 헛헛한 마음을 누르지 못해 아무 데나(도로 표지판, 전깃줄, 비닐하우스 등) '빵빵' 총질을 해댈지 모른다.

재미있는 상상이지만 한편으론 하나님 앞에 선 내 모습과 흡사하다는 생각이 얼핏 들었다.

제 사는 방법이 애초부터 잘못된 줄 모르고 괜한 원망과 불평을 터뜨리며 남 탓만(때로는 하나님 탓도 하고) 해대는, 그리고 엉뚱하게 화풀이 거리를 찾는 내 모습이 바로 어리석은 사냥꾼과 같지는 않을까?

물, 감사의 제목이죠

독일 속담 중에 "요구는 뜨겁고 감사는 차다"는 말이 있다. 그만큼 감사할 줄 모르는 인색한 마음을 꼬집는 말이다. 살다보면 내게 꼭 필요한 것이 있어서 "주시옵소서. 이것 주시면 평생 감사하겠습니다" 보채다가도 일단 주어지면 감사의 마음은 잠시뿐 언제 그랬냐는 식으로 감사를 잊어버리는 경우를 자주 경험하게 된다.

상걸리에 있을 때, 물이 없어서 고생한 적이 있다.

동양 최대 저수율을 자랑하는 소양댐이 만들어 놓은 소양호 줄기 한 끝이 상걸리에 걸쳐 있고, 골짜기마다 비록 실개울이지만 일 년 내내 물이 마르지 않는다. 물 많은 동네에서 막상 식수가 부족했으니 상대적으로 속이 더 상했다.

상수도 시설이 없는 마을이라 지하수를 파야 하는데 워낙 두꺼운 암반이 가로막고 있어서 물 얻기가 하늘에 별 따기라고들 했다.

처음 상걸리에 부임했을 때가 한겨울이던 1월이었다. 교회는 **빨간** 벽돌로 예쁘게 지어져 있었지만 정작 필요한 물 공사를 그놈의 암반 때문에 못해서 야단이었다.

근처에 물 찾을 만한 곳이 없어서 부임한 첫날부터 물 동냥을 시작했다. 18리터짜리 물통을 여러 개 싣고 시내로 넘나들며 카센터나 가까운 지방 교회에 가서 물을 길어다 먹었다.

봄이 되어 골짜기 눈이 녹을 때까지 넉 달을 매일같이 그 짓을 하는데 눈만 뜨면 물 걱정이다. 목회자가 교인 걱정은 둘째 치고 물 걱정부터 앞세우느냐 하는 자책의 소리도 귀에 들어오지 않았다.

하루를 시작하면서 하는 기도, "사마리아 여인에게 영원히 목마르지 않는 생수를 주신 주님! 사정 좀 봐 주세요. 더도 말고 물 한 바가지 양이라도 좋으니 얼지 않는 샘이 근처에 없을까요?"

밥 지으랴, 세수하랴, 청소하랴, 빨래하랴 있을 땐 몰랐는데 사람 사는 일에 물과 관계 안 된 것이 하나도 없었다. 물이 생명이라는 것을 실감했다.

생명 같은 물이 없으니 사람 꼴도 말이 아니다. 없던 비듬도 생겼다. 머리를 너무 써도 비듬이 생긴다던데 순전히 머리를 자주 못 감아서 생긴 것이다. 물 못 먹은 한여름 풀처럼 매사가 의기소침해졌다.

눈이 내려 시내까지 갈 수 없을 때는 개울가 물을 한참 가라앉힌 후에 식수로 사용했다.

물을 아끼기 위해 개울에서 얼음 깨고 빨래하는 아내의 모습에 눈시울을 적시기도 했다.

겨울을 그렇게 버티고 나니 '돈 없이는 살아도 물 없이는 못살겠다' 싶었다.

지하수 개발 업자들을 만나 본격적인 물 공사를 하려고 알아보는데 상걸리는 배의 값을 쳐줘도 들어오지 않겠단다.

수백 미터 파 들어가는 대형공사를 맡겨주면 모를까, 돈도 안 되는 그런 공사는 맡지 않겠다고 약속이나 한듯 이구동성이다. 상걸리 사정을 잘 모르는 서울 사람이 일을 맡았다가 사흘을 파고나서 고개를 절래절래 손들고 떠나 버렸다.

이 소식을 전해 들은 김기문 집사님(시내 모 교회에서 열심히 신앙생활 하던 분으로 '신천지 지하수 개발회사' 사장님이다)이 단단히 마음먹고 물 나올 때까지 판다는 심정으로 수고해 준 덕분에 일주일 만에 겨우 소 오줌 같은 물줄기를 뽑아내는 데 성공했다. 적은 양이면 어떠랴? 끊어지지 않고 계속 나오는 것만으로도 대 만족, 대 감사였다.

수도꼭지도 흥분이 되었나 보다. 멀쩡한 입으로 제 구실을 못한 것을 한풀이 하듯 녹물을 한참 동안이나 뱉어 내더니 겨우 말갛게 진정되었다.

이제는 물 뜨러 다니지 않아도 된다. 하루에도 몇 번씩 수도꼭지를 틀어 확인했다. '쪼르르' 흐르는 물 한 모금 마시며 김 집사님께 감사하고, 또 한 모금 머금고 하나님께 감사드렸다.

"이러다 끊어지지 않을까."

잠에서 깨면 제일 먼저 물을 찾을 정도였다.

하지만 기뻐 뛰며 드렸던 감사가 그리 오래 가지는 못했다. 살살 마음이 변하기 시작하더니 언제 물 때문에 고생했냐는 식으로 감사에 무뎌지기 시작했다.

"이왕 주실 바에 넉넉히 주셔서 세탁기라도 맘껏 쓰게 하시지, 쯧쯧."

참으로 간사한 사람 마음이다.

성경은 "범사에 감사하라"고 권면하지만, 실제로 그렇게 하는 것 자체가 대단한 신앙의 경지다. 작은 일에 늘 감사할 줄 아는 마음을 자꾸 연습해야겠다.

자기 변화

심방갔다가 우연히 한 청년을 만나게 되었다. 모 자동차 회사 영업사원으로 일한다고 자신을 소개했다. 그와 만났던 시간은 20분에 불과했지만 사람이 자신을 변화시키기 위해서는 얼마나 처절한 노력이 필요한가를 새삼 생각하게 만들었다.

마치 영화배우들 대사 외우듯이 큰 소리로 익살맞게 떠들어 대고 자리에서 일어나 우스꽝스러운 몸짓으로 정신을 얼떨떨하게 만들어 놓더니 어떤 개그맨이 하는 식으로 "나! 간다~ 잉?" 하고는 잽싸게 사라졌다.

그냥 싱거운 사람이라고 웃어 넘길 수 있었지만 그의 행동 뒤에 숨어 있는 어색함을 발견하고 교우에게 물었다.

"원래부터 명랑한 사람인가요?"

"아니에요 목사님, 저도 몇 달 만에 만났는데 완전히 이상한 사람이 되버렸네요?"

불과 몇 달 전만 해도 내성적이고 조용한 사람이었다는 거다.

"그럼, 자동차 영업사원이 된 지가 오래되었나요?"

"아니오. 이것저것 많이 한 사람이에요. 영업사원으로 들어간 것도 얼마 안 되었을 겁니다."

그는 새롭게 시작한 세일즈맨의 생활에 적응하기 위해 부단히 노력하고 있었던 것이다.

그가 그 일을 처음 시작할 때 얼마나 망설였을까? 거울 앞에서 자기 최면 걸듯이 수없이 반복하고도 남을 일이다.

"나는 아무거나 파는 막 장사꾼이 아니다. 나는 고객들의 훌륭한 사업을 이끌어 주는 안내자다. 나는 구차하지 않다. 나는 누구에게나 유익함을 준다."

처음 만나는 사람들, 때로는 전혀 구매의사가 없는 사람에게도 다가가서 말을 건네야 할 때도 있다. 살살 말을 건네서 조금 말길이 잡히면 본론을 꺼내야 한다. 지금까지 잘 대꾸하던 사람도 '이 사람 장사치구나' 하는 생각으로 낯빛을 바꾸고 "안 사요" 하곤 부리나케 도망가기 일쑤다.

나 역시 자기 변화를 위해 꽤나 노력한 경험이 있다.

대학교 1학년, 구로구 독산동에 있는 작은 교회에서 봉사할 때다. 고등학교를 마칠 때까지 성가대와 교회학교 교사 경험이 없는 나로서는 아이들을 가르치는 것만으로도 크고 벅찬 배움의 시절이었다. 한번은 주일 낮 예배 때 목사님께서 "김상혁 선생, 나와서 찬송가 인도하세요" 하시는 거다. 할 수만 있다면야 목사님 말씀 없이도 씩씩하게 나가서 찬송 인도할 수 있지만 워낙 숫기가 없던 몸이라 그 말씀이 청천벽력 같이 들렸다. 주섬주섬 일어나서 강대상 앞에 섰다.

떨리는 손으로 찬송가를 뒤적였다. 사실 그때만 해도 잘아는 찬송가도 몇 장 없었다. 내가 부를 수 있는 곡을 겨우 찾아서 작은 소리로 "찬송가 235장 부르겠습니다" 했다.

피아노 전주가 시작되고 1절 첫 가사를 할 그 순간에 목구멍이 막혀 버렸다.

"달고 오묘한 그 말씀"

하필 느린 곡이었던가! 마지막 절이 끝나는 동안 썩은 나무토막마냥 고개 숙이고 서 있는데 지옥이 따로 없다. 점잖은 어른들이야 모른 척하고 찬송을 불렀지만 청년들과 학생들은 고소하다는 듯 남의 불행을 즐기고 있었다.

어떻게 그날 하루를 보냈는지, 부랴부랴 도망치듯 집으로 왔다. (당시에 누님 집에서 살고 있었다.) 집 위치는 강서구 발산동이다. 그쪽에서 김포 가양동 사이에는 넓은 벌판이 있었다.

밤중에 2킬로미터를 달려서 그 벌판 중간에 섰다. 추운 겨울인데다 늦은 밤중에 사람이 있을 리 만무하지만 그래도 주위를 신중하게 돌아본 뒤에 소리를 지르기 시작했다.

내게 망신을 안겨 주었던 "쓰고 쓰디쓴 그 말씀"부터 유행가에서 타령까지 닥치는 대로 음 높은 노래만 골라 불렀다. 그러기를 근 한 달 이상 하니까 겨우 목청이 트였다.

목청이 트인 게 아니라 자신감이 트였다. 이때 얻은 자신감은 그 뒤 또 다른 난관을 만날 때마다 '어떻게든 부딪히면 된다' 라는 신념을 만들어 주었다.

남들이 들으면 웃을 일이지만 이 사건은 내 인생에 큰 전환점이 되었다. 만약 그날 골방에서 질질 눈물이나 짜고 자신감을 잃어 버렸으면 어떻게 되었을까?

100원짜리, 100점 교회

춘천 명동 거리를 지날 때였다. 앞서 가던 학생들이 무언가를 발견한 모양이었다.

"어, 저게 뭐야?"

"돈이다. 얼마…… 에이 100원짜리잖아?" 하더니 발로 툭 차버린다. 지나가던 사람들이 여럿이었지만 '또르르' 굴러가는 동전을 주목하는 눈은 하나도 없었다. 정작 100원짜리를 걷어찼던 학생도 구겨진 깡통을 찬 듯 뒤돌아보지도 않고 지나갔다. 저만큼 굴러간 동전은 제자리에 서서 몸서리치다가 멈추어 누웠다. 버려진 동전은 한참 동안 사람들에게 짓밟힐 운명이다. 얼마 전, 공중전화 걸려다가 동전이 없어서 불편했던 경험이 없었더라면 나 역시 그냥 지나쳤을 것이다. 얼마나 많은 사람들에게 치었을까? 잔뜩 때 묻힌 동전을 바지에 닦으면서 "전화비 벌었군" 했다.

내가 어렸을 적만 해도 10원짜리 종이 돈이 있었다. 동네 개울가에서 놀다가 도랑을 타고 내려가는 10원짜리 종이 돈을 주운 적이 있다. 큰 횡재였다. 정성스레 말려서 하루에 한 알씩 주먹만한 눈깔사탕을 여러 날 입에 물고 다녔다. 지금은 100원을 주어도 그렇게 큰 사탕을 사먹지 못하니 돈 가치가 100배나 떨어진 것이다.

돈 가치에 대해 잘 말해 주는 광고가 있다. 어떤 햄버거 회사의 광고다.

"돈 1000원으로 무얼 먹을 수 있을까요?" 하는 멘트가 끝나면서 1000원으로는 사먹을 수 없는 비싼 음식들이 쪼개져서 등장한다. 피자 한 조각, 갈비 부스러기, 그리고 바닥이 드러난 곰탕 한 그릇.

한마디로 돈 가치가 떨어져서 1000원으로는 엄두도 못낼 음식들

이라는 사실을 강조하는 듯하다. 이어지는 멘트,

"우리 햄버거는 1000원으로 온전한 한 덩어리를 먹을 수 있고 그래도 100원이 남습니다." 점심으로 자기 회사 햄버거를 이용해 달라고 설득한다. 하지만 햄버거로 점심을 먹으려면 음료수까지 구색을 맞춰서 1000원의 몇 배를 치러야 할 판이다.

춘천은 먹거리로 유명한 동네다.

어쩌다 외식이라도 하려면 보통 5000원 이상의 막대한 거금(이것도 최소한으로 잡아서)이 필요한 현실을 생각할 때 씁쓸한 뒷맛을 다실 수밖에…….

사실 돈이 얼마나 있는가 보다는 어떻게 쓰느냐가 중요하다. 살아가는 데 꼭 필요한 게 돈이지만 이 돈을 잘못 사용하면 돌이킬 수 없는 죄를 저지를 수도 있기 때문이다.

잘만 사용하면 100원짜리 동전 하나로도 얼마든지 효용가치를 높일 수 있다. 상식적으로 100원으로 30명이 배부르게 먹을 수 있다고 한다면 "그건 성경에 나오는 예수님 얘기겠지" 할 것이다. 실제 그런 식사가 있다.

바로 한 달에 한 번 갖는 우리 교회 공동 식사다.

주 메뉴는 국수, 3000원짜리 커다란 국수 봉지 하나에 교인들 30명(아이들까지 합쳐서)이 실컷 먹고도 조금 남는다. 식성 좋은 목사는 두 그릇으로 배를 채웠다.

따지고 보면 개인당 100원이 든 셈이다.

게다가 정성 어린 마음으로 육수를 끓여오고 달걀 꾸미를 마련해 온 교우들의 사랑과 봉사의 마음은 돈으로 따질 수가 없다.

꼭 큰 돈 들어야 밥 먹는 것 같고 그럴싸한 교제가 이루어지는 것일까? 한 끼에 몇 만 원짜리 밥을 먹고도 불행한 사람이 있는 반면, 100원짜리 국수를 먹고도 우리의 배부름은 하늘을 찌른다.

세상에서는 돈 많은 자가 대접받고 인정받지만, 적어도 교회에서 물질적인 양과 눈에 보이는 결과가 제일 중요한 것으로 여겨지면 큰일이다. 큰 교회라고 해서 꼭 100점짜리 신앙을 가졌다고 볼 수 없고, 성대한 집회, 장엄한 의식을 통해서만 주님을 만나는 게 아니다.

'무엇을 먹고 마시고 입느냐'의 문제가 아니라 '어떠한 사랑의 교제와 봉사, 그리고 섬김이 이루어지고 있느냐'에 따라서 하나님 앞에서 각각의 교회는 평등하게 평가받을 것이다.

굶주린 사람들을 위해 물고기 두 마리와 보리떡 다섯 개를 내놓을 줄 아는 작은 아이의 마음. 이런 마음만 있으면 모든 교회는 하나님 앞에 100점 교회로 인정받을 것이다. 그래야 작은 교회들, 100원짜리 고사리 손들도 맘 놓고 살겠지.

천국 가이드

(지방회 도움으로 촌놈이 성지순례를 다녀왔습니다. 이집트에서부터 이스라엘, 터키, 그리스, 로마, 영국을 돌아오는 대장정이었습니다. 그 소감을 일일이 말하기란 불가능하고…… 여행 후 돌아와서 써 놓았던 기행문 중 몇 편을 골랐습니다.)

성지순례를 하면서 각 나라 여행보다 더 재미있었던 것은 천태만상의 가이드들이다.

이집트의 가이드 오씨는 '어르고 빰치는 형'이다.

가이드 경력이 꽤 오래되어서 철저한 직업의식이 몸에 배어 있다.

이집트의 경제, 문화, 정치, 종교 등을 조목조목 막힘없이 궁금한 것, 알고 싶은 것을 미리 소개하고 알려준다.

'이때쯤이면 여행객들이 이걸 원할 것이다'라고 생각한 듯이 불편한 것 없이 가는 곳마다 필요한 것을 제공했다.

가이드와 현지 업체들 간의 뒷거래는 늘 있는 관행이다. 그런 뒷거래가 있음직한 향수 가게에 가면서도 물주들의 기분을 상하지 않게 하는 재주가 기가 막히다.

이스라엘 가이드는 20대의 아가씨로 '순진무구형' 이다.

가이드 경력 제로.

이스라엘 사람들보다 더 이스라엘을 잘 아는 목사님들 안내하다가 한눈에 그 무능함이 드러나고 말았다.

꿈에도 그리던 이스라엘 땅에 왔으니 궁금한 것이 어디 한둘일 쏘냐?

평소에 궁금했던 질문이 폭포수처럼 쏟아지는데 그중에 절반도 대답 못하고 쩔쩔매기만 한다.

"그것도 모르고 가이드질이냐, 때려치우라 마."

농담 삼아 하는 소리에 눈물을 찔끔거린다.

그래도 그 순진함 때문에 목사님들 점수를 많이 땄다.

터키 가이드는 '완전무식형' 이다.

성지순례단과 가죽 사러 온 장사꾼을 구별도 못하는지 음담패설만 늘어 놓는다.

영국 가이드는 '사대망상형' 이다.

거죽은 한국인인 게 자기가 영국 사람이란다.

첫 대면에 하는 말, "여행객 여러분, 우리 영국은 신사의 나라입니다. 한국인의 야만스럽고 추한 모습을 자제해 주시고 제발 조용히 해주시기를 부탁드립니다. 호텔 로비에서는 발꿈치 들고 살살 걸으시고……."

먼저 다녀간 여행객들이 얼마나 소란을 떨었는지 감이 잡히지만, 말끝마다 '우리 영국' 하면서 한국인 전체를 매도하는 말을 서슴지 않았다.

여행 안내자로서의 객관적 능력은 뛰어났지만 그 인격에 질린 우리는 '싸가지 없는 가이드 안 바꿔주면 이번 성지순례는 처음부터 다시 한다' 는 보이콧트 소동을 벌이기도 했다.

　목회자는 '천국 가이드' 다.

　철저한 직업의식만 내세우는 사무적인 목회자는 교인의 슬픔과 아픔을 제대로 어루만지지 못한다.

　순진하기만 한 목회자는 교인들의 요구가 무엇인지 파악하지 못한다.

　무식한 목회자는 변화하는 시대 속에 교인들이 해야 할 바를 올바르게 이끌어 주지 못한다.

　무엇보다도 인격이나 성품이 망가진 목회자는 교인들의 짐만 될 뿐이다.

예루살렘에는…

비아 돌로로사! 고난의 길, 십자가의 길로 예수님께서 고난당하신 최후의 현장을 가리킨다. 십자가를 지신 주님이 빌라도 법정을 시작으로 갈보리 언덕까지 걸어가신 길을 그렇게 부른다.

빌라도가 주님을 정죄한 곳, 십자가를 지신 곳, 십자가의 무게를 이기지 못해 첫번째 쓰러지신 곳, 어머니 마리아가 십자가 지고 가는 아들을 만난 곳, 구레네 시몬이 십자가를 대신 진 곳, 베로니카가 주님의 얼굴을 수건으로 닦아 드린 곳, 두번째 쓰러지신 곳, 예루살렘 여인들에게 말씀하신 곳, 세번째 쓰러지신 곳, 갈보리 언덕에서 주님의 옷을 벗긴 곳, 주님을 십자가에 못 박은 곳, 십자가가 섰던 자리, 주님의 시신을 내린 곳, 주님의 시신을 묻은 무덤 자리 등이 비아 돌로로사의 여정이다.

실제 이 고난의 현장을 그대로 밟아 올라가면서 깊은 묵상에 잠기고픈 것은 그리스도인이라면 당연한 소망일 것이다. 하지만 뜻대로 되지는 않았다. 아니, 그 소망을 비웃기라도 하듯이 손가락질하는 유대인과 아랍인들을 짜증나게 목격하고 돌아왔을 뿐이다.

정확히 계산할 수는 없지만 약 1.5킬로미터 되는 비아 돌로로사는 온통 아랍인들의 시장 거리로 변해 있었다. 기념품을 팔기 위해 소리소리 지르는 아랍 사람들. 얼마나 많은 순례객들을 상대했는지 귀찮다고 해도 아랑곳하지 않고 넉살 떨며 징그럽게 들러붙는다. 물건을 코 앞까지 내밀기도 하고 옷을 잡고 갈 길을 못 가게 방해한다.

작은 골목에 불과한 이 길을 몇 겹으로 에워싸고 있는 장사꾼들. 고개를 돌려 외면하면 돌린 고개 방향으로 돌아 와서는 누런 이빨을 드러내고 히죽 웃는다. 장사치 어깨 뒤 맞은편 벽에 조그만 조각품이 걸려 있다. 바로 이 자리가 예수님이 십자가의 무게를 견디지 못해 쓰러진 자리라고 했다. 보잘것없어 보이는 이 표시를 보려고 수많은 순례자들이 비아 돌로로사를 찾았을 것이고, 덕분에 아랍 장사꾼들의 주머니도 두둑해졌을 거다.

비아 돌로로사의 마지막은 주님의 무덤이 있었다는 성묘교회. 음침하고 어두운 공간을 수천 개의 촛불로 밝히고 검은 옷을 입은 수도사들이 향을 피우며 절하고 있다. 옆 벽면은 성화들로 빈틈없이 채워져 있다.

가는 곳마다 예수님 상(像)은 황금색으로 온통 칠해져서 맹목적인 숭배를 받고 있다. 뜻 모를 서글픔이 몰려왔다.

비록 우리 나라 땅에서는 주님의 살아 계셨던 흔적과 자취를 털끝만큼도 찾아볼 수 없지만, 우리 가슴 속에는 부활하신 주님이 살아 계시고 우리로 하여금 증인된 삶을 살게 하시는 성령께서 분명 역사하고 있지 않은가?

예루살렘은 과거의 도시일뿐 부활하신 주님을 모신 곳은 절대 아니었다.

고추장 사랑, 나라 사랑

우리 음식, 우리 맛에 대한 대단한 집착.

외국 여행을 하면서 누구나 겪는 일 아니겠나?

식당마다 한국 사람들만 나타나면 초긴장이 되는 것도 독특하고 유별난 신토불이 체질 때문이 아닐지…….

피라미드와 스핑크스가 보이는 이집트 기자에서 밥을 먹게 되었다.

이집트 소스로 버무린 채소에 공갈빵 같이 부푼 빵이 전부다.

쑥 꺼진 뱃속에선 밥 달라고 아우성이지만 이집트 음식은 영 입맛이 당기지 않는다. 냄새도 고약하고.

서로 먼저 먹어 보라고 눈짓하다가 "설마 죽기야 하려고?" "시장이 반찬이지" 하며 첫 맛을 본다.

표정을 보니 가관이다. 한쪽 눈을 감고 '에튀에튀' 하질 않나, 아예 쓰레기통으로 뛰어간다.

식당 종업원이 불쾌한지 퉁명스럽게 물컵을 내던진다.

다음날 시내 산을 등정하고 내려와서 먹는 아침 식사.

이광헌 목사님이 슬며시 식탁에 올려 놓는 고추장 그릇.

사모님이 온갖 양념에 소고기 넣어 볶아 주셨다.

주인 시식도 전에 고추장 향해 돌진하는 숟가락들.

난리, 난리 났다. 고추장 난리.

불 붙은 숟가락을 한 입 먹어 치우는 목사님, 사모님들.

그 입가에는 체면도 없다. 짜장면 먹은 어린애 꼴이다.

혼자 드시려고 내놓으시지는 않았겠지만 순식간에 바닥난 고추장 그릇 어루만지며 탄식하는 이 목사님,

"어지간해야 나눠 먹지."

집에서는 거들떠보지도 않던 고추장이 여기서는 채소 샐러드에 섞어 먹고 버터 대신 빵에 발라 먹고 입가심으로 한입 뚝딱이다.

푹 익은 신 김치라도 가지고 올걸.

한국 사람은 역시 한국 사람이다.

햄버거에 커피를 마시고, 인스턴트 식품에 영어 나불거려도

체질과 전통은 변할 수 없다.

고추장 사랑하듯 우리 나라 것을 사랑했으면 좋겠다.

요즘은 교회가 유행이라지

첫판 1쇄 | 2013년 10월 31일

지은이 | 김상혁
펴낸이 | 김은옥
펴낸곳 | 올리브북스

주소 | 부천시 원미구 중동 1152-3 메트로팰리스 1차 B동 328호
전화 | 032-233-2427
이메일 | olivebooks@naver.com
블로그 | blog.naver.com/olivebooks

출판등록 | 제387-2007-00012호

ISBN 978-89-94035-16-1 03230

■총판 기독교출판유통 | 031-906-9191(전화), 0505-365-9191(팩스)

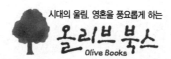
시대의 울림, 영혼을 풍요롭게 하는
올리브 북스
Olive Books